ポジティブ&リフレクティブな子どもを育てる学級づくり

「学びに向かう力」を育てるこれからの学級づくり入門

中田正弘 編著

大越さとみ・坂田哲人・村井尚子・矢野博之・山辺恵理子・渡辺秀貴 著

はじめに

　人の成長にとって、環境は重要な意味を持ちます。とりわけ学校教育においては、学習や生活の基盤となる学級・ホームルームは、子どもたちの成長・発達に極めて大切な環境となるでしょう。

　校内研究会等の折に学級を訪問すると、例えば「仲良く」「親切」「明るく」「たくましく」「協力」などの言葉を含んだ学級目標が掲げられているのをよく目にします。教師と子どもたちが一緒に、どのような学級を作っていきたいかを考え、話し合い、表現したものです。友達や教職員等と良好な関係を築き、自分らしさを発揮しながら、粘り強く、前向きに学習や生活に取り組んでいく子どもたちを育てたいという思いは多くの教師に共通したものだと思います。本書のタイトルを、「ポジティブ＆リフレクティブな子どもを育てる学級づくり」とした理由はここにあります。

　ところで、本書は2020年、令和2年春の刊行です。パソコンに向かい原稿を打ちつつも、傍らにはスマートフォンがあり、困ったときにはたびたびお世話になりました。翻って、ほんの20年前……カメラ付きの携帯電話を手にし、「へえ、こんなことができる時代になったんだ」「科学は進歩したねえ」などと思っていました。あれから20年、はるかに想像を超える科学技術の進歩です。果たして10年後の2030年、30年後の2050年は、どのような社会になっているのでしょうか。進歩を続ける人工知能は、2045年には人間の能力を超えると言われます。

　そんな中、2017年に改訂された学習指導要領は、これからの教育として、教科等の学びを通じて、子どもたちに3つの資質・能力を育んでい

くことを求めました。「知識及び技能」「思考力、判断力、表現力等」「学びに向かう力・人間性等」です。そして、3つ目の「学びに向かう力、人間性等」は、他の二つの資質・能力をどのような方向性で働かせるかを決める資質・能力であるとされました。いかに人工知能が発達しようとも、様々な状況の中で問題を柔軟に受け止め、主体的、創造的、そして協働的にその解決に向かっていくのは人間です。私たちは、3つ目の資質・能力「学びに向かう力、人間性等」を、人工知能では代替できない「人間としての力」と捉え、その育成こそがこれからの学校教育の重要な課題であると考えました。もちろん学校教育には「教えて育てる」部分もあります。と同時に、いやそれ以上に、子どもたち自身が、主体的な学習者として学びに向かっていける力を育てていくことが、これからの教育で重要であると考え、その研究や実践に積極的に取り組んでいる仲間と本書を執筆しました。

　本書は、2巻シリーズの第1巻として、子どもたちが学校生活の多くの時間を過ごす「学級」に焦点を当てています。そして第2巻は、「授業づくり」に焦点を当てました。併せて読んでいただければ大変うれしく思います。

　最後に、本書の執筆にあたり、全面的にご支援いただいた学事出版の二井豪さんに心より感謝申し上げます。

2020年2月22日

執筆者代表　中田正弘

「学びに向かう力」の用語について

本書では、学習指導要領に関連して記述する場合には、その趣旨を踏まえ、原則として「学びに向かう力、人間性等」と表記しました。ただし、表題や小見出し、あるいは本文等で「学びに向かう力」と表記している個所がありますが、これらも同様の趣旨で使っています。

目　次

はじめに……………………………………………………………………………2

1 学びに向かう力、人間性等を育む教育 …………………… 9

① ポジティブでリフレクティブな子どもと
　"学びに向かう力、人間性等"の育成（中田正弘）………………… 10
　(1)　ポジティブでリフレクティブな子どもを育てる……………… 10
　(2)　なぜ「学びに向かう力、人間性等」の育成が求められるのか … 12
　(3)　創造的・協働的に問題解決に向かう「人間としての強み」……… 13
　(4)　これからの教育で育成する「学びに向かう力、人間性等」……… 16
　(5)　「学びに向かう力」を育む　………………………………… 18

② 学びに向かう力と非認知的スキル（村井尚子）……………………… 21
　(1)　非認知的スキルの重要性への着目　………………………… 21
　(2)　非認知的スキルとは ………………………………………… 24
　(3)　非認知的スキルを高めるには？　…………………………… 27

③ ポジティブでリフレクティブな子どもを学級集団の中で育む（中田） … 32
　(1)　「学びに向かう力、人間性等」は、ともに高め合うこと
　　　を可能にする資質・能力である……………………………… 32
　(2)　学級の中で、一人一人に自己効力感を育む ………………… 34
　(3)　教師と子どもで支持的な学級風土をつくる ………………… 36

2 学びに向かう力を育む学級づくり ……………………………41

① 学級が持つ多様な機能（中田）………………………………………… 42
　(1)　学級の機能　………………………………………………… 42
　(2)　学習と学級生活は不可分なものである ……………………… 44
　(3)　学級文化・学級風土とは…………………………………… 45

　(4) 学級の機能がどのように発揮されるかは、教師の教育観、
　　　子ども観、指導観等が強く影響する ……………………………… 47

② 子どもたちの自律的な活動や学びが生きる教室（矢野博之）…… 50
　(1) 学習の「自律」論はどこから、なぜ？ ………………………… 50
　(2) 自律的な学習を実施していく手立て …………………………… 52
　(3) 自律的な活動や学びの通った実践 ……………………………… 55

③ 集団の中で育つ
　──人材育成のベースとしての学級──（坂田哲人）…………… 57
　(1) 実践共同体論がもたらした学習パラダイムの変化…………… 57
　(2) 実践共同体論と学びに向かう力 ……………………………… 58
　(3) 教師に求められる「スポンサーシップ」という役割 ………… 60

3 一人一人の強みを生かした学級づくり ……………………… 63

① 人の"強み"に焦点を当てることの意味（山辺恵理子）…………… 64
　(1) 喜びの感情を共有する ………………………………………… 64
　(2) ポジティブな感情を言語化して共有する …………………… 66
　(3) 強みの自覚からくるポジティブな感情 ……………………… 67
　(4) 強みの自覚を促すアプローチ ………………………………… 68

② 一人一人の強みにフォーカスする学級内ワークショップ（山辺・中田）… 69
　(1) イメージカードを活用したリフレクション ………………… 69
　(2) 強みを引き出すリフレクション：ヒーロー・インタビュー …… 74
　(3) 自分の核を見つけるリフレクション：レンジャーズ・ワーク … 83

③ 年間を通じた学級での『強みプロジェクト』の実践（大越さとみ）… 90
　(1) 本実践のねらい ………………………………………………… 90
　(2) 強みプロジェクトの計画………………………………………… 91
　(3) 強みプロジェクトの実践………………………………………… 93
　(4) 自尊感情や自己肯定感が高まった …………………………… 101

4

ポジティブでリフレクティブな子どもの育成に
欠かせない特別支援教育の視点（渡辺秀貴）⋯⋯⋯⋯⋯⋯⋯ 103

① 特別な支援を必要とする子どもに配慮した学級づくり ⋯⋯⋯ 105
　(1) 個別の教育支援を必要とする子どもたち ⋯⋯⋯⋯⋯⋯⋯⋯ 105
　(2) 通常の学級に在籍する発達障害の可能性のある子ども ⋯⋯⋯ 106

② 通常の学級における特別な支援を必要とする子どもへの対応⋯ 108
　(1) 「特別な支援を必要している子どもは必ずいる」という認識をもつ⋯ 108
　(2) 特別な支援を必要とする子どもの情報を集め、分析する ⋯⋯⋯ 109
　(3) 学期のスタートでのつまずきを避ける手立てを講じる ⋯⋯⋯ 110
　(4) 担任ができる合理的配慮によって、子どもの「困難さ」を軽減する⋯ 112
　(5) 子ども同士の相互理解を深める活動を多様に準備する ⋯⋯⋯ 114
　(6) 学級のルールをシンプルに分かりやすく、「みんな納得」にする⋯ 118
　(7) 「みんな違って、みんないい」 ⋯⋯⋯⋯⋯⋯⋯⋯⋯⋯⋯⋯ 119
　(8) 困難・苦手さに配慮した言葉・声かけを価値づける ⋯⋯⋯⋯ 121

5

ポジティブでリフレクティブな子どもを育てる ⋯⋯⋯ 125

① 学期や学年の終わりに自己の学びを
　リフレクションする（坂田・中田）⋯⋯⋯⋯⋯⋯⋯⋯⋯⋯⋯ 126
　(1) 学びを振り返る ⋯⋯⋯⋯⋯⋯⋯⋯⋯⋯⋯⋯⋯⋯⋯⋯⋯ 126
　(2) 学びを通じた自己の成長をリフレクションする機会をつくる ⋯ 130
　(3) 学期や学年の終わりに自己の学びをリフレクションする ⋯⋯⋯ 132

② 役割、責任、期待、そしてポジティブな
　フィードバックのある教室（中田）⋯⋯⋯⋯⋯⋯⋯⋯⋯⋯⋯ 136
　(1) 学級経営・ホームルーム経営への期待の高まり⋯⋯⋯⋯⋯⋯ 136
　(2) 集団の条件 ⋯⋯⋯⋯⋯⋯⋯⋯⋯⋯⋯⋯⋯⋯⋯⋯⋯⋯⋯ 138
　(3) 学びに向かう力を育む学級をつくるために ⋯⋯⋯⋯⋯⋯⋯ 139

編著者紹介

中田 正弘（なかだ・まさひろ）
［1章−①・③、2章−①、3章−②、5章−①・②］

白百合女子大学人間総合学部初等教育学科教授

東京都生まれ。東北大学大学院教育学研究科後期博士課程修了。博士（教育学）。帝京大学大学院教職研究科教授を経て、2020年4月より現職。
専門は社会科教育、教師教育学、教育課程経営論。2017年版学習指導要領（小学校社会科）等の改善に係る検討に必要な専門的作業等協力者。
主な著作は、『リフレクション入門』（共著、学文社、2019年）、『小学校 新学習指導要領ポイント整理 社会』（共著、東洋館出版社、2017年）、『ステップ解説 社会科授業のつくり方』（共著、東洋館出版社、2014年）など。

執筆者一覧（五十音順）

大越 さとみ（おおごし・さとみ）
［3章−③］

大竹市立大竹小学校教諭

広島大学教育学部卒業。2016年、品川区立小学校に在任中に帝京大学大学院教職研究科に派遣され、リフレクションや特別支援教育等を学ぶ。現在、広島県の小学校で、その成果を生かした教育実践に取り組んでいる。

坂田 哲人（さかた・てつひと）
［2章−③、5章−①］

大妻女子大学家政学部専任講師

慶應義塾大学大学院政策・メディア研究科後期博士課程単位取得満期退学。修士（政策・メディア）。専門は人材開発、教師論・保育者論。主な著作は『リフレクション入門』（共著、学文社、2019年）、『ワードマップ「コミュニティ心理学」』（共著、新曜社、2019年）、『現代の教育改革と教師』（共著、東京学芸大学出版会、2011年）など。

村井 尚子（むらい・なおこ）
［1章−②］

京都女子大学発達教育学部教授

京都大学大学院教育学研究科修了。専門は教育哲学、現象学的教育学、教師教育。訳書に『生きられた経験の探究——人間科学がひらく感受性豊かな"教育"の世界』（マックス・ヴァン＝マーネン著、ゆみる出版、2011年）。

矢野 博之（やの・ひろし）
［2章−②］

大妻女子大学家政学部教授

東京大学大学院教育学研究科総合教育科学専攻学校教育開発学コース博士課程単位取得満期退学。修士（教育学）。専門は教師教育・教員養成、教育方法、学校教育論。主な著作は『リフレクション入門』（共著、学文社、2019年）、『新・教職入門』（共編、学文社、2014年）など。

山辺 恵理子（やまべ・えりこ）
［3章−①・②］

都留文科大学文学部講師

東京大学大学院教育学研究科博士課程修了。博士（教育学）。専門は教育哲学、教師教育学、教育の倫理。主な著作は『ひとはもともとアクティブ・ラーナー！：未来を育てる高校の授業づくり』（共編著、北大路書房、2017年）、『リフレクション入門』（共著、学文社、2019年）など。

渡辺 秀貴（わたなべ・ひでき）
［4章−①・②］

創価大学教職大学院准教授

創価大学教育学部教育学科卒。専門は学校経営、算数・数学教育。主な著作は『Ａ4・1枚 特別支援教育実践事例』（編著、教育開発研究所、2019年）。『校長講話で学校を動かす』（編著、教育開発研究所、2018年）、『学級経営13ヶ月』（光文書院、2017年）など。

1
学びに向かう力、人間性等を育む教育

1

ポジティブでリフレクティブな子どもと
"学びに向かう力、人間性等"の育成

　「学びに向かう力」と聞くと、日ごろの学校で子どもたちと接している先生方にとっては、案外想像しやすいのかもしれません。その姿は、きっと、意欲的に学習に取り組んだり、はつらつと学校生活を送ったり、経験を通じて様々なことを学び取ったりしながら成長していく子どもたちの姿としてイメージされることでしょう。本書のタイトルである"ポジティブ&リフレクティブな子ども"の姿も同様です。

（1）　ポジティブでリフレクティブな子どもを育てる

　なぜ、ポジティブでリフレクティブな子どもを育てることが大切なのか、2人の研究者の知見を基に考えてみます。

　ポジティブ心理学者のバーバラ・フレドリクソンによると、「ポジティビティ（自己肯定的な心の状態）」は、暗い考えを前向きなものに変えるなど、気持ちを変化させるだけではなく、視界に入る可能性の範囲をぐんと広げ、結果的に効果的な行動を起こしやすくなると言います。それは、感謝、愛情、楽しみ、喜び、希望、感動など、幅広い肯定的な感情を含んでいます。とは言え、私たちは、社会生活を営むうえで、怒りや恐怖、悲しみ、あるいは嫌悪などの「ネガティビティ（自己否定的

な心の状態」を持つことは少なくありませんし、それを消し去ることはできません。このことに対してフレドリクソンは、ポジティビティを増やすことが、自分を最も良い状態に保つうえで重要であること指摘します。ポジティビティを増やしていきたいという思いは、多くの教師の学級づくりの根幹にあることは間違いないでしょう。

　また、リフレクション研究で著名な元ユトレヒト大学のコルトハーヘンは、リフレクションとは、単に振り返りをすることではなく、その先の行動がより効果的になるよう経験から学ぶことだと言います。例えば、自己の学びを振り返ると、そこにはうまくいったこともうまくいかなかったこともあるでしょう。リフレクションとは、ただ単に反省したりレビューしたりすることではなく、その要因を多面的に振り返りながら行為の本質を探り、次の行動に結び付けていくことだと言えます。これは、自ら学びに向かう自律的な子どもを育てていくうえで大切にしなければならないことだと感じます。

　さらに、コルトハーヘンは、人はそれぞれに「強み」というダイヤモンドを持ち、それに気づかせ、磨くことで、ポジティブな行動への移行が可能になると言います。人のうまくいった行動や「強み」に焦点を当てたリフレクションの重要性であり、これは、学習や生活の基盤である学級経営に生かしていきたい視点です。

　本書は、こうした研究者の知見に学びながらも、学習指導要領の改訂や今日の学校教育の課題等に即して考えを整理し、教室での実践につながるアイデアを提供していきたいと思っています。その時、重要なキーワードとして捉えたのが「学びに向かう力、人間性等」です。

(2) なぜ「学びに向かう力、人間性等」の育成が求められるのか

「学びに向かう力、人間性等」は、他の二つの柱をどのような方向性で働かせていくかを決定付ける重要な要素である。

科学技術の進展により、人工知能（AI）の研究開発が進み、私たちの暮らしはいっそう便利で豊かなものになることでしょう。その一方で、2045年には人工知能が人間の脳を超える「シンギュラリティ（技術的特異点）」に到達すると言われています。当然、現在営まれている多くの仕事が自動化され、子どもたちが将来就く職業も大きく変化することが予想されています。

このように、将来の変化を予測することが困難な時代を生きる子どもたちには、今まで以上に、**社会の変化に主体的に対処し、自ら課題を発見し、仲間と協働してその解決を図り、新しい知・価値を創造する力が必要になってきます。そしてその原動力こそが「学びに向かう力、人間性等」**です。

「学びに向かう力」という用語が、我が国の学校教育で用いられるようになったのは、教育課程企画特別部会の「論点整理」（2015・8）、中央教育審議会の「幼稚園、小学校、中学校、高等学校及び特別支援学校の学習指導要領等の改善及び必要な方策等について（答申）」（2016・12）そして、2017（平成29）年３月の学習指導要領の告示という一連の経過の中で、これからの時代を生きる子どもたちに身に付けさせたい資質・能力

のひとつとして示されたことによります。2017年に告示された学習指導要領では、児童生徒に身に付けさせたい資質・能力を「知識及び技能」「思考力、判断力、表現力等」「学びに向かう力、人間性等」として示されました。本書は、3つ目の資質・能力に着目しています。

では、この「学びに向かう力、人間性等」とは、いったいどのようなものなのでしょう。

(3) 創造的・協働的に問題解決に向かう「人間としての強み」

産業構造の変化や技術革新が進展し、社会で必要とされる知識や技能の変化が絶えず起こる中、世界においても、今日的に育成すべき人間像をめぐって、断片化された知識や技能ではなく、人間の全体的な能力をコンピテンシー（Competency）として定義し、それをもとに目標を設定し、政策をデザインする動きが広がっています（2013国立教育政策研究所）。

・OECD「2030年の教育」

そこで改めて、先の論点整理でも取り上げられたハーバード大学 Center for Curriculum Redesign（CCR）が提案した枠組みをもとに、「学びに向かう力、人間性等」とは何かを見ていきたいと思います、

CCRは、OECDの「2030年の教育」プロジェクトとの協働において世界中から32の枠組みをリストアップし、その分析や比較、検討を行いました。そして**図1**（次ページ）は、CCRの枠組みの全体像を表したものです。この枠組みは、
・知識（何を知り、何を理解しているか）

・スキル（知っていることをどのように使うか）

・人間性（どのようにふるまうか、どのように世界と関わるか）

・メタ学習（どのように省察し、どのように適応するか）

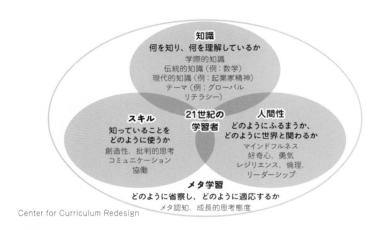

Center for Curriculum Redesign

図1　CCRの枠組み（2015）

　の４つの次元で示され、これらすべての次元が持つ要素が豊かに混ぜ合わさることで、効果的な学習が期待されるとしています。

　図１に示された人間性の次元は、マインドフルネス、好奇心、勇気、レジリエンス、倫理、リーダーシップという６つの人間性の特徴で構成されています。マインドフルネスやレジリエンスなど、これまでの日本の学校教育では、あまり聞きなれていない特徴も示されていますが、それは、単に宿題やノートを提出したかとか、持ち物を毎日持ってきたかといったことではなく、解決すべき課題を捉え、他者と協働しながら粘り強く解決に向けて取り組もうとする子どもの根本的な姿勢と捉えることができるでしょう。もちろん人間性の次元に何を求めるかは、それぞ

れの国の教育に対する考え方や文化等により違ってきます。なお、OECDでは2019年5月に、「**OECDラーニング・コンパス（学びの羅針盤）2030**」を公表しています。この枠組みでは、児童生徒がどのような資質・能力をどのように身に付け、より良い未来の創造に向けて何を目指すのかなどが、羅針盤を中心にデザインされています。

・2030年の社会と子どもたちの未来（2016年中央教育審議会答申）

2016年12月の中央教育審議会答申「幼稚園、小学校、中学校、高等学校及び特別支援学校の学習指導要領等の改善及び必要な方策等について」では、2030年の社会の子どもたちの未来についての提言の中で、AIと人間の強みを対比的に述べています。

〈AI〉　　　　　　　　〈人間〉

人工知能がいかに進化しようとも、それが行っているのは与えられた目的の中での処理である。

人間は、感性を豊かに働かせながら、どのような未来を創っていくのか、どのように社会や人生をよりよいものにしていくのかという目的を自ら考えだすことができる。

そして人間の強みを以下のように表現しています。
・多様な文脈が複雑に入り混じった環境の中でも、場面や状況を理解して自ら目的を設定し、
・その目的に応じて必要な情報を見いだし、
・情報を基に深く理解して自分の考えをまとめたり、
・相手にふさわしい表現を工夫したり、
・答えのない課題に対して、多様な他者と協働しながら目的に応じた納

得解を見出したりすることができる。

　人間の強みとは、直面する諸問題を柔軟に受け止め、粘り強く、そして創造的、協働的に問題解決に取り組んでいく力と言えましょう。もちろん、そこには、日々進化する人工知能をも駆使しながら問題解決していく力も含まれるでしょう。そして、この人間の強みのコアに当たる部分が、「学びに向かう力、人間性等」に当たると考えます。

（4）　これからの教育で育成する「学びに向かう力、人間性等」

　2017（平成29）年告示の学習指導要領では、CCRの枠組みで示された人間性の次元が、「学びに向かう力、人間性等」として再概念化されました。そして、この資質・能力を、「他の二つの柱をどのような方向性で働かせていくかを決定付ける重要な要素である」としたのです。

　つまり、**学びのエンジンを子どもたち一人一人に育てること**が強調されたと言っていいでしょう。

図2 「学びに向かう力、人間性等」をエンジンとした学びのサイクルのイメージ

16

　図2は「学びに向かう力、人間性等」が学びのエンジンとなって、自ら学びのサイクルを回すイメージです。

　知識及び技能、思考力、判断力、表現力等の育成は、これまでも日本の学校教育で大切にされてきました。しかし、ともすると教師がお膳立てをして、教師のリードの下にその獲得が図られるという授業が多かったように思います。生涯にわたって学び続け、先行き不透明な社会の中でも主体的に問題を解決していくには、自身の学びに向かう力で学習のサイクルを回していく必要があります。ここで示しているサイクルとは、1単元（提材）の学習として考えていただくと分かりやすいと思います。

　学習指導要領の解説書（2018・2019）を基に、改めて「学びに向かう力、人間性等」の資質・能力の要素を整理してみました。

■社会や生活の中で様々な困難に直面する可能性を低くしたり、直面した困難への対処方法を見いだしたりできるようにすることにつながる力
　・主体的に学習に取り組む態度も含めた学びに向かう力
　・自己の感情や行動を統制する力
　・よりよい生活や人間関係を自主的に形成する態度等
　※これらは、自分の思考や行動を客観的に把握し認識する、いわゆる「メタ認知」
　　に関わる力を含むものである。

■人間性等に関するもの
　・多様性を尊重する態度
　・互いのよさを生かして協働する力
　・持続可能な社会づくりに向けた態度
　・リーダーシップやチームワーク
　・感性
　・優しさや思いやりなど

こうした資質・能力は、簡単に育成できるものではありません。それは「学びに向かう力、人間性等の**涵養**」と記されていることからも明らかです。「学びに向かう力、人間性等」は、学校教育においては、授業や学級での生活を通じて涵養されていくものであり、そのために、「学級づくり」の側面からどのように取り組めばよいのかを考えるのが本書の役割です。そして本書では、意図的に育んでいきたいという思いから「涵養」ではなく「育てる」という表現を用いました。

(5) 「学びに向かう力」を育む ── 無気力も学習される!? ──

心理学者のセリグマンとメイヤーは、犬をハンモックに縛り、電気ショックを与えるという実験から、自分ではどうすることもできない状況に置かれ続けると、改善行動を起こさず、無気力な状態になっていくことを発見し、それを「学習性無力感」と呼びました。"やる気のなさ"が、学習されていくことを明らかにした実験です。

一方、カナダの心理学者バンデューラは、たとえ困難な課題でも、自分にはそれができるという自信を持つことが、やる気のある行動につながると考え、それを「自己効力感」と呼びました。

これらの知見からは、**「学びに向かう力、人間性等」が、プロセスのある活動の中で育成されていくこと、そのプロセスにおける教師や友達の関係が、極めて重要であること**が示唆されます。

教師は、効果的なメンターかつ学習のファシリテーターとなることによって、子どもの自尊感情、意欲、および感情の安定を向上させるうえで特に重要な役割を果たすことができます。そして、子どもは、協力、

交渉、社交性といった様々な社会情動的スキルを友達や同級生から習得することができるため、仲間もまたひとつの役割を果たしうると言われます（OECD2015）。

　子どもや若者がこれからの社会で成功を収めるには、バランスのとれた認知的なスキルと社会情動的スキルが必要と言われます。

　前者の認知的スキルは学力テスト等で測定できるものです。そして後者の社会情動的スキルは、非認知的スキルとも言われ、知識、技能、思考力等の認知的スキルに対し、忍耐力や社交性、自尊心などを表しています。このことについては次節で詳しく取り上げます。

　2017年学習指導要領では、「知識及び技能」「思考力、判断力、表現力等」「学びに向かう力・人間性等」を子どもたちに育成すべき資質・能力の3つの柱として示しましたが、「学びに向かう力、人間性等」はまさに社会情動的スキルと捉えることができるものであり、他の2つとともにどのようにバランスよく育成していくかが、極めて重要な課題になっています。

〈引用・参考文献〉

・バーバラ・フレドリクソン著　植木理恵監修　高橋由紀子訳『ポジティブな人だけがうまくいく３：１の法則』日本実業出版社、2010年。

・坂田哲人、中田正弘、村井尚子、矢野博之、山辺恵理子『リフレクション入門』学文社、2019年。

・新井邦二郎編著『教室の動機づけの理論と実践』金子書房、1995年。

・Charles Fadel、Maya Bialik、Bernie Trilling（2015）*Four-Dimensional Education*、*The Center for Curriculum Redesign*、Boston.（岸学監訳『21世紀の学習者と教育の４つの次元　知識、スキル、人間性、そしてメタ学習』北大路書房、2016年。）

・中央教育審議会教育課程企画特別部会「論点整理」2015年。

・中央教育審議会「幼稚園、小学校、中学校、高等学校及び特別支援学校の学習指導要領の改善及び必要な方策等について（答申）」2016年。

・文部科学省『小学校学習指導要領解説総則編』2018年。

・文部科学省『高等学校学習指導要領解説総則編』2019年。

・国立教育政策研究所「諸外国の教育課程と資質・能力 ── 重視する資質・能力に焦点を当てて ──」教育課程の編成に関する基礎的研究報告書6、2013年。

・鹿毛雅治『学習意欲の理論: 動機づけの教育心理学』金子書房、2013年。

・鹿毛雅治・奈須正裕編著『学ぶこと　教えること』金子書房、1997年。学習性無力感や自己効力感について紹介されている。

・OECD（2015）*Skills for Social Progress：The Power of Social and Emotional Skills*、無藤 隆・秋田喜代美監修『社会情動的スキル ── 学びに向かう力』明石書店、2018年 。

学びに向かう力と非認知的スキル

　前節では、「学びに向かう力」とは「非認知的スキル」もしくは「社会情動的スキル」のことであると定義しました。それでは、「非認知的スキル」とはどのようなスキルのことなのでしょうか？　また、どのように育まれていくと考えられているのでしょうか。またそれがポジティブでリフレクティブな子どもを育てていくうえでどのように重要なのでしょうか。ここでは、非認知的スキルが着目されるようになってきた背景から、非認知的スキルを伸ばすとされている研究結果までを見ていくことにします。

(1)　非認知的スキルの重要性への着目

　近年、幼少期の教育の重要性がさらに注目を浴びるようになってきています。これには、アメリカにおいて1960年代から継続的に実施されている縦断的研究の成果が大きく影響を与えています。以下に少し詳しく見ていきましょう。

・ペリー就学前計画

　1962年から1967年にかけて、ミシガン州イプシランティで、低所得の

アフリカ系の58世帯の子どもを対象に実施されました。この計画では、就学前の幼児に対して、2年間、午前中に毎日2時間半ずつ教室での授業を受けさせ、さらに週に1度、教師が各家庭を訪問して90分間の指導を行いました。子どもへの指導は、非認知的特質を育てることに重点を置き、子どもが自分で考えた遊びを実践し、毎日復習するように促しました。その復習は集団で行うことで、子どもたちに重要な社会的スキルを教えたとされています。

　58人の子どもたちは、対照群の子どもと同じ学校に入学し、その後40歳になる時点まで追跡調査が行われています。以下の図は、実験群の子どもと対照群の子どもの認知力（IQ）の変化を示したものです。教育的介入を受けた実験群の子どもたちのIQは最初急上昇しましたが、10歳になるまでにその効果が薄れていき、対照群の子どもと差がないことが分かりました。

　この結果を受けて、当初、介入プログラムは失敗であると考えられましたが、プログラムの成果は、時間が経つにつれて明らかになってきました。

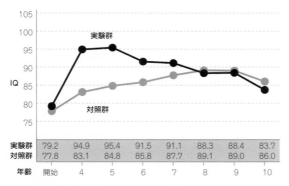

年齢	開始	4	5	6	7	8	9	10
実験群	79.2	94.9	95.4	91.5	91.1	88.3	88.4	83.7
対照群	77.8	83.1	84.8	85.8	87.7	89.1	89.0	86.0

図3　認知力の変化（男子）（REITI特別講演会　2014）

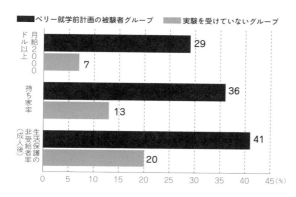

図4
ペリー実験の経済効果
（大竹 2008）

　40歳の時点で比較したところ、教育的介入を受けたグループは対照群と比べて、高校卒業率や持ち家率、平均所得が高い、婚外子を持つ比率や生活保護受給率、逮捕者率が低いという結果が出ました（**図4**）。このことから、就学前教育を受ける機会を得ることで、IQなどに代表される認知能力はいったん対照群と差がない状態になってしまったものの、その後の人生によい影響を及ぼすということが明らかになったのです。

　もっとも、3、4歳の子どもを対象とした就学前教育であったペリー就学前計画は、子どもたちのIQを高める効果は小さかったものの、生後4ヶ月からの介入を行った別の実験では、子どもたちのIQが高まったという結果も示されています。

・非認知的スキルの重要性

　ノーベル経済学者であるジェームズ・ヘックマンは、この分析を通して、就学前教育を受けた子どもたちの間で就学前教育がその後の人生に大きな影響を与えること、さらに、就学前教育で重要なのは、IQに代表される認知能力だけではなく、忍耐力、協調性、計画力といった非認知

的スキル（非認知的能力、社会情動的スキルなどとも呼ばれます）であることを明らかにしました。

(2)　非認知的スキルとは

・OECDによる定義

OECDは、「スキル」とは、①生産性＝個人のwell-beingや社会経済的進展に貢献するもの、②測定可能性＝測定可能なもの、③成長可能性＝環境や投資によって変化するもの、という３つの特徴をもつ個人の性質を指すとしています。そして、人のスキルを認知的スキルと非認知的スキルに分け、前者を知識、思考、経験を獲得する能力であり、獲得された知識に基づく解釈や推論がそこに含まれるとします。そして、後者を「社会情動的スキル（Social and Emotional Skills）」と呼んでいます。ここでは、混乱を避けるために、社会情動的スキルのことを非認知的スキルという呼び名で統一しておきたいと思います。

　非認知的スキルは、「長期的目標の達成」「他者との協働」「感情を管理する能力」の３つの側面に関する思考、感情、行動のパターンであり、学習を通して発達し、個人の人生ひいては社会経済にも影響を与えるものと想定されています。図５にあるように、認知的スキルが知識、思考、経験を獲得する精神的能力、これまでに獲得した知識をもとに解釈し、考え、外挿する能力を指しているのに対し、非認知的スキル（社会情動的スキル）は、忍耐力・自己抑制・目標への情熱といった「目標の達成」、社交性・敬意・思いやりといった「他者との協働」、自尊心・楽観性・自信といった「情動の制御」を主に指しています。

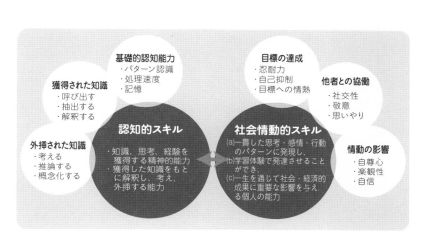

図4　認知的スキル、社会情動的スキルのフレームワーク（OECD 2015）

・スキルがスキルを生む

　また、「スキルがスキルを生む（Skills beget skills）と表現されるように、ある時点でのスキルの状態がその個人の将来のスキルの状態を予測するということが示されています。すなわち、個人の持つスキルの水準が高いほど、スキルの獲得が大きいことが示されています。非認知的スキルは認知的スキルの発達に役立つことが分かっており、例えば、非常に計画的で粘り強い子どもは、同じ水準の数学のスキルを持ちながら自制心や粘り強さの水準が低い子どもよりも、数学のスキルを伸ばせる可能性が高いと言えます。自制心や粘り強さによって子どもが授業に集中し宿題を毎回こなす可能性が高くなると考えられるからです。また、スキルの高い子どもは、知識を向上させるような手段を選択したり、成長のために課外活動などのさらなる機会を求めたりする可能性が高いと言えるのです。

　このことをさらに考えれば、非認知的スキルを高めておくことによって、認知的スキルも高めることができ、相乗効果として子どもの将来に影響を及ぼしていくことになります。また、ここまで読み進めてくださった方には、非認知的スキルを高めることが、ポジティブでリフレクティブな子どもを育成する上で重要であることがお分かりでしょう。

　では、私たちは、どのように子どもの非認知的スキルを高めることができるのでしょうか。次に非認知的スキルを高めるとされる研究の成果を見ていくことにしましょう。

〈ワンポイント解説！〉

■幼少期の介入の対投資効果

　ペリー就学前教育の効果は、社会全体の投資収益率15〜17%と計算されており、通常の公共投資ではあり得ないほど高い投資収益率だとされています。ここからヘックマンは、「幼少期の介入は経済効率性を促進し、生涯にわたる不平等を低減する」「公平性と効率性の両方を達成できる」投資であると述べています。

■マシュマロ・テスト

　幼児に対して、マシュマロやクッキーなど好きなお菓子を選んでもらいました。そして、目の前にあるその好物をすぐに１個食べるか、研究者が戻ってくるまで待って２個もらうかという選択肢を与えました。すぐにそれを食べずに、欲求充足を先延ばしにできた子ども、つまり自制心の強い子が将来どのようになったかを縦断的に研究した研究です。

　幼い頃、好きなお菓子を２個もらうために待てる秒数の長い人ほど、大学進学適性試験の点数が良く、社会的・認知的機能の評価が高く、肥満指数が低く、自尊心が強く、目標を効果的に追求し、欲求不満やストレスにうまく対処できたという結果が得られています。

(3) 非認知的スキルを高めるには？

OECDの調査によれば、非認知的スキルは、環境の変化や投資によって強化することが可能であり、結果的に個人の将来の成果を左右しうるとされています。ペリー就学前教育を受け、非認知的スキルを伸ばしたと考えられる子どもたちが大人になってから様々な面で社会的に成功を収めることができたように、非認知的スキルを伸ばすための環境づくりによって子どもたちや大人の将来を変えることができ、結果的に社会全体にもその投資の効果を還元させることができると言えるのです。

子どもの目標を達成する力（忍耐力、意欲、自己制御、自己効力感）、他者と協働する力（社会的スキル、協調性、信頼、共感）、情動を制御する力（自尊心、自信、内在化・外在化問題行動のリスクの低さ）の強化を促す可能性のある学習環境は、以下のように検証され特定されています。

・家庭環境

親子間の強い愛着が子どもの非認知的発達に与える効果があるとされています。例えば、本を読む、一緒に食事をする、一緒に遊ぶ、美術館に一緒に行くなどの家庭における習慣的な活動が、子どもに温かく安全な環境の感覚を与えると同時に、大人と密接に関わり、コミュニケーションを取る機会を提供するとされます。また、親が非認知的スキルを育むのに適した環境を提供できるかどうかは、親の社会経済的状況や感情状態に影響を受ける可能性があるため、親が子育てのスキルを高めるた

めの研修会を提供するといった幼児プログラムが成果を挙げています。また、学校ベースにおいても、親を巻き込み、親が学校と家庭との間で一貫した学習環境を作り上げる方法を学ぶ機会を提供するプログラムが成果を挙げていることが分かっています。

・学校

　学校は、主要な学力（国語、数学など）を伸ばしながら非認知的スキルを強化するために、既存の成果活動を応用することもできる場所とされています。また、スポーツ、音楽、芸術などの部活動は、子どもたちが別の特定のスキルを学びながら非認知的発達を促進することができる強力な手段となる可能性が指摘されています。

(a)　シナリオやロール・プレイを使った授業など、非認知的スキルを強化するために特別に設計された一連の授業、

(b)　協働型問題解決の導入など、既存の主要科目を通して子どもの非認知スキルを強化するよう設計された教授法、

　のいずれかまたは両方を活用することで、目標を達成し、他者と協働し、情動を制御する能力を子どもたちが獲得することに役立つ可能性が指摘されています。OECDの報告書では、日本の場合は特に、積極的、反省的、実践的、意図的、経験的な仕方で(b)の手法を用いることが実際的であるとしています。

　課外活動や、社会や労働市場に参加する実践的経験（ボランティアや見習い実習制度）を有効に活用することもできます。また、学校・学級風土を改善したり、ピア・サポートの手法を効果的に用いたりすることによって、生徒の非認知スキルを強化することも可能だとされます。

・地域社会

　地域社会では、様々な現実的場面において、子どもたちが非認知的スキルを身に付けるための、意欲を引き出すような学習の場が提供されていると言えます。ボランティア活動や野外プログラムは、適切に設計された場合、子どもの非認知的スキルを効果的に強化することができると示されています。成果を挙げている実践は、

(a)　相互関係、信頼、共感の感覚を引き起こすため、メンターと子どもとの間の集中したやりとりを重視し、

(b)　子どもたちが現実的な問題に適切に対処できるよう体験学習を用い、子どもの責任感を高める傾向があります。

　これらのプログラムの多くが、家庭、学校、地域社会における学習の一貫性を重視したものとなっています。また、子どもに強化された学習を経験する機会を与えるだけではなく、大人にも適切なトレーニングを受ける機会を与えることが大切だとされています。

(a)　関係者全員によるプログラムの目的の共有、

(b)　学習環境すべてにわたる非認知的アプローチの一貫性、

(c)　すべての保護提供者における知識及びスキルの向上

　を保証するのに役立つと考えられています。

　以上見てきたように、学校や地域社会において、保護者と協力しながら、家庭における非認知的能力を伸ばす取り組みの支援をすることが求められるでしょう。そして、どのような教育のあり方が「学びに向かう力」としての非認知的スキルを伸ばすことにつながるのか、研究結果を

踏まえながら、教員である私たちも試行錯誤しながら検討し続けていくことが必要だと考えられます。

〈引用・参考文献〉

・ポール・タフ著、高山真由美訳『私たちは子どもに何ができるのか —— 非認知能力を育み、格差に挑む』英治出版、2017年。

・ウォルター・ミシェル著、柴田裕之訳『マシュマロ・テスト —— 成功する子・しない子』早川書房、2015年。

・リチャード・E・ニスベット著、水谷淳訳『頭のでき−決めるのは遺伝か、環境か』ダイヤモンド社、2010年。

・ジェームズ・J・ヘックマン著、大竹文雄解説、古草秀子訳『幼児教育の経済学』東洋経済新聞社、2015年。ジェームズ・ヘックマンは、1944年生まれのシカゴ大学特別教授（労働経済学）。ノーベル経済学賞を2000年に受賞。大人になってからの経済状態や生活の質を高める上で、就学前教育が有効であることを示した。

・独立行政法人経済産業研究所REITI特別講演会「ノーベル経済学者ジェームズ・ヘックマン教授『能力の創造』（2014年10月8日議事概要）
https://www.rieti.go.jp/jp/events/14100801/summary.html（2019年7月18日最終閲覧）

・大竹文雄「就学前教育の投資効果から見た幼児教育の意義 —— 就学前教育が貧困の連鎖を断つ鍵となる —— 」ベネッセ教育研究所
https://berd.benesse.jp/berd/center/open/berd/2009/03/pdf/16berd_07.pdf
（2019年7月18日最終閲覧）
http://www.oecd.org/education/ceri/FosteringSocialAndEmotionalSkillsJAPANESE.pdf

・国立教育政策研究所平成27年度プロジェクト研究報告書「非認知的（社会情動的）能力の発達と科学的検討手法についての研究に関する報告書」（研究代表者、遠藤利彦）。

・経済協力開発機構編著、ベネッセ教育綜合研究所企画・制作、無藤隆・秋田喜代美監訳『社会情動的スキル —— 学びに向かう力』明石書店、2018年。

・OECD、ベネッセ教育総合研究所、池迫浩子・宮本晃司、ベネッセ教育総合研究所訳『家庭、学校、地域社会における社会情動的スキルの育成−国際的エビデンスのまとめと日本の教育実践・研究に対する示唆』2015年。

・大竹文雄「教育の経済効果と貧困対策」首相官邸教育再生実行会議第3分科会（第5回）

平成27年3月23日配布資料

https://www.kantei.go.jp/jp/singi/kyouikusaisei/bunka/dai3/dai5/siryou.html
（2019年7月23日最終閲覧）

・森口佑介『自分をコントロールする力 —— 非認知スキルの心理学』講談社現代新書、2019年。

3

ポジティブでリフレクティブな子どもを
学級集団の中で育む

　子どもたちは、学校生活の多くの時間を「学級」で過ごします。授業であったり、休み時間や昼食、清掃等の時間であったりします。授業の中で、協働的に課題解決的に学習を進めていくこともあれば、学級で起きた問題を解決していかなければならない場面もあります。その面では、学校教育を通じた成長の基盤を学級が担っていると捉えることもできます。

（1）「学びに向かう力、人間性等」は、ともに高め合うこと
を可能にする資質・能力である

　「学びに向かう力、人間性等」の育成を学校教育の中で考えた時、その中心的な舞台は、やはり学級です。学級は集団として存在します。日本の小中学校、高等学校では、多くが同年齢の児童生徒によって編成されていますが、もちろん複式学級や特別支援学級、さらに海外ではイエナプラン校のように、異年齢の児童生徒が一つの学級集団を作る場合もあります。児童生徒は、学校での生活の多くの時間を学級の友達とともにし、学習にも一緒に取り組んでいきます。ですので、学級は生活や学習を行う「単位」としてみることもできますが、児童生徒にとっては、

　ともに学校生活を過ごす大事な仲間との空間です。**図6**は、子どもたちに育もうとしている「学びに向かう力、人間性等」がいかなるものなのかを、2017年版の学習指導要領を拠り所に図解したものです。

　とりわけ、右側に示された「人間性等に関するもの」を見てみると、そのほとんどが、他者との関わりの中で発揮されるものであることが分かります。換言すれば、これら**人間性等に関するものは、他者との関わりの中でこそ育まれるものであり、その中核を担うのが「学級」になる**と考えることができます。

　そして、学級経営の中心的な課題は、なんといっても集団づくりにあります。生活と学習の両方の機能を持つ学級で、よりよい集団を作っていくことは、「学びに向かう力、人間性等」を育むうえで、きわめて重要であることが分かります。

**困難に直面する可能性を低くしたり、
直面した困難への対処方法を見出したりできる力**

■学びに向かう力
　（主体的な学習態度も含む）
■自己の感情・行動を統制する力
■よりよい生活や人間関係を自主的に形成
　する態度等
※これらは「メタ認知」に関わる力を含む

人間性等に関するもの

●多様性を尊重する態度
●互いのよさを生かして協働する力
●持続可能な社会づくりに向けた態度
●リーダーシップやチームワーク
●感性
●優しさや思いやりなど

・他の二つの柱（「知識及び技能」「思考力、判断力、表現力等」）をどのような方向性
　で働かせていくかを決定付ける重要な要素
・情意や態度等に関わる要素

図6　子どもたちに育みたい「学びに向かう力、人間性等」

(2) 学級の中で、一人一人に自己効力感を育む

「学びに向かう力、人間性等」は、集団としての資質・能力と言うよりは、一人一人に育んでいきたい資質・能力です。しかし、前項でも指摘したように、「学びに向かう力、人間性等」は他者との関わりの中で育まれたり、他者とともに高め合うことを可能にしたりする資質・能力であることを考えると、一つには、学級集団の中で、いかに一人一人に自己効力感を育んでいくかということが重要になります。「自分にはできる」という自信を持てばやる気が出るため、行動を起こし、少しのことではあきらめずに頑張ることができます。心理学者のバンデューラは、このような自信を「自己効力感」と呼びました (2018 三宮)。では、自己効力感を学級の中で育成していくにはどうすればよいのでしょう。

・成功体験を振り返り、自分の強みを発見する

自己効力感を高めるには、成功体験を振り返ってみることが効果的です。例えば、部活のことでもいいでしょう。A子さんが所属しているバスケットボール部は、いつもN中学校に負けていたので、A子さんは相手メンバーのプレーを分析し、作戦を立て、粘り強くチームプレーの練習をしてきた結果、勝つことができたとします。この成功体験を丁寧に振り返ってみると、A子さんには、分析力や見通す力、協力しながら粘り強く取り組む力などの強みがあることが分かります。

こうした強みを自覚させてあげることは、ポジティビティ（自己肯定的な心の状態）感情を育んでいくことにつながります。その人の自己効

力感を高め、また、自己の経験をていねいに見つめ、後の学習や生活に生かしていく振り返りは、リフレクティブな子どもの育成につながります。人の強みに着目することについて、本書では、第3章で詳しく説明しています。

・小さな課題の成功体験を積み上げる

成功体験の蓄積は、自己効力感を高めるうえで大切です。学校では、例えば、体育の器械運動、音楽の楽器演奏などで、成功体験を積ませるために、スモールステップの課題設定を行う場合もあります。「できた」「できない」に2分割で捉えるのではなく、「ここまでできた」と小さな成功を積み上げていくことが大切です。この時、教師や友達から、「できたね」「がんばった」などと取り組みに対するポジティブなフィードバックがあるととても効果的です。

・問題は何で、使う方法は何か、を明らかにして取り組む

総合的な学習の時間などでは、複雑で簡単に答えの見出せない学習課題にチャレンジすることがあります。そのことはとても大切です。ただ、子どもたちが主体となって学んでいくわけですから、まずは、その複雑な状況の中で、自分たちが解決しようとしていることは何か、さらに、それを解決するためにどのような方法を使うのかを明らかにすることが大切です。これは学級の諸問題を解決する場合にも通ずることです。

(3) 教師と子どもで支持的な学級風土をつくる

　学級の風土や雰囲気、学級文化は、あらかじめできたものではありません。その学級の所属になった子どもたちと担任となった教師でつくっていくものです。子ども同士、子どもと教師の中で起きる人間関係と環境との相互作用の結果、その学級の風土や雰囲気、そして学級文化が生まれます。支持的で受容的な風土の中では、個性は発揮されやすいでしょうし、逆に排他的で統制的な風土の中では、学びも活動も委縮してしまいます。

・内面で何が起こっているのか（インナー・ワーク・ライフ）

　インナー・ワーク・ライフ（個人的職務体験）とパフォーマンスの関連を追究してきた心理学者たちは、そこに正の関係があることを明らかにしています。ポジティブな感情が支配しているとき、あるいは内発的動機づけ、例えば仕事への情熱にあふれている時、そして仕事、チーム、リーダー、組織について好ましい認識を抱いている時、人は高いパフォーマンスを示すと言われています。しかもその影響は、性格やキャリアとは無関係であること、つまり人々は職場において、絶えずそのインナー・ワーク・ライフの影響を受けながら働いているといいます。インナー・ワーク・ライフは、各個人が抱いている内面であり、職場において様々な出来事を経験することで、その内面、つまり、認識、感情、モチベーションは絶えず変化しているのです。

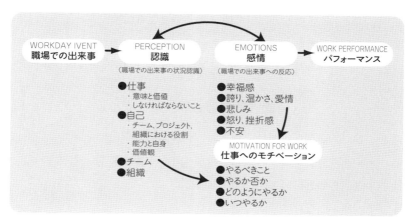

図7　インナー・ワークライフの構図（2009『動機づける力　モチベーションの理論と実践』70〜71ページ）

　この研究からは、認識と感情が、相互に絡み合っていることを教えてくれます。認識と感情が相互に絡み合い、モチベーションに絶えず影響を及ぼし、それがパフォーマンスへとつながっていきます。このダイナミックな相互関係を、企業から学校、教室に置き換えて考えてみると、**教師の行動、友達との関係あるいは相互作用は、それぞれのモチベーションとパフォーマンスを高める重要なカギになっている**と言えます。

・教師の役割

　今、多くの学校・教室では、子どもたちの主体的な学習活動や対話的な活動を取り入れた授業が積極的に行われています。しかし、そうした授業であっても、実際には、教師が授業をリードし、子どもたちの発言や学習活動は、教師の意図するところにしたがって行われているような印象を受けることもあります。「学びに向かう力、人間性等」を育成し

ていくには、教科の授業にしても、あるいは学級活動やホームルームの
ように学級の諸問題を解決する話し合いにしても、子ども一人一人が教
室の中で、他者と関わりながら、そこに参加し、成長していく場面を大
切にしていく必要があります。

　ところで、子どもたちに、思考力、判断力、表現力等を育てていくに
は、コミュニケーションのある学級づくりが重要であり、そのためには
次の３点が必要と言います（高木、2015）。
①　受容的な態度、共感的な態度、他者の尊重
②　教室の中の安心感（居場所づくり）
③　教室というコミュニティの確立
　さらに、そのためには次のような活動が行われなくてはならないとさ
れています。
①　相手の話に耳を傾け集中して理解すること
②　相手と意見を比べたり修正したりしながら自分で考えること
③　自分の考えと理由をはっきりさせて発表し、話し合いをつなげて発
　　展させること
　これらは、汎用性のある技能であり、当然教師の指導の下で適切に身
に付けていく必要があるでしょう。

　これらの要素を念頭に置いたうえで、さらに「学びに向かう力、人間
性等」を育んでいくには、次のような条件整備にかかる要素が大切にな
ってくると考えます。
〈教室（コミュニティ）〉

・教室は、子どもたちには、自己決定（選択・判断・実行）できる
　場・空間であること。
・自己決定においては、責任がともなうこと
・教室には、協働（協同）できる場と関係性があること
・個々の"強み"が言語化され、大切にされていること
〈関係性〉
・教師、友達からの共感と適切な評価が得られること
・教師と子どもの関係においては、状況や課題に応じたカウンセリン
　グがあること
〈課題〉
・その解決がそれぞれの効力感の獲得につながるような課題が授業や
　学級活動、ホームルーム等で取り上げられ、協働（協同）して解決
　する機会があること

図8　学びに向かう力、人間性等を育むための学級の条件整備

　これらは、教室で子どもたちが安心して身に付けたり、発揮したりしていくための条件整備ともいえます。

〈引用・参考文献〉
・三宮真智子『メタ認知で〈学ぶ力〉を高める　認知心理学が解き明かす効果的学習法』北大路書房、2018年、125ページ。バンデューラの自己効力感については、本書を参考にした。本書は、学ぶことや教えることについて認知心理学の立場からコンパクトに分かりやすく解説している。
・バーバラ・フレドリクソン著　植木理恵監修　高橋由紀子訳『ポジティブな人だけがうまくいく〈3：1の法則〉』日本実業出版社、2010年。
・テレサM.アマビール、スティーブン　J.クラマー、DIAMONDハーバード・ビジネス・レビュー編集部（編訳）「知識労働者のモチベーション心理学」『動機づける力　モチベーションの理論と実践』ダイヤモンド社、2009年、63〜99ページ。
・高木展郎「自分や集団の考えを発展させる学び合いの授業 ——『聴いて　考えて　つなげる』授業 ——」初等教育資料5月号、東洋館出版社、2015年。

2

学びに向かう
力を育む
学級づくり

学級が持つ多様な機能

　「学級」は、各学校において、教育の目標を実現するために、意図的に編成された集団であり、子どもたちの学校での学習や生活の基本的な単位となっています。近年では、算数や数学など少人数指導、習熟度別指導などが取り入れられ、教科によっては、学級を超えた集団が組織されることもありますが、それでも子どもたちは、学校生活の大部分の時間を、所属する学級で過ごすことが多いように思います。豊かな人間形成と確かな学力の育成という学校教育の目標は、主に学級集団を中心に展開されているのです。本書が提案する「学級づくり」は、意図的に編成された集団の中で、一人一人が"学ぶ"ということに目的と責任を持ち、取り組んでいけるように、その機能をよりよく発揮していけるように再編していくことを意味しています。つまり、ポジティブでリフレクティブな子どもを育む学級づくりです。

(1)　学級の機能

　ではその学級には、どのような機能があるのでしょうか。

　まず、学校経営等の研究に取り組んできた児島邦宏氏の研究を参考に、学級が持つ教育的機能を示してみます。

①個性伸長 あるいは 自己実現の機能	②共同社会 あるいは 生活化の機能	③社会的個人の育成 あるいは 調和の機能

　①は、学級を、学習指導を進める上での単位としてみるものであり、学習指導の効率という視点に重きが置かれています。日本でも明治の初年には、「年齢」ではなく、「学力」によって所属を決める等級制（グレード）が取られていました（2002　明石）。

　今日、特定の教科において実施されている習熟度別指導や少人数指導は、固定的な「学級」とは言えませんが、①の機能を重視した学習形態の一つと考えることができるでしょう。

　②は、学級を単なる授業のための集合体とせず、児童生徒同士、あるいは児童生徒と教師といった密接な関係の中で、連帯感や一体感を創り出しながら学級全体の課題を解決していこうとする側面を持ちます。

　そして③は、学習指導の単位としての学級と共同社会としての学級を統一し、両者が調和された社会的個人の育成を図ろうとするものです。①と②の合体と考えてもよいと思いますが、当然そこにはいろいろな課題も発生してきます。そして、③の機能こそが今日の学級組織の基本原理であり、また実践的な学級づくりの課題はここにあると指摘します。それは、授業は、学級という社会的関係に支えられて展開するためです。ここでいう社会的関係とは、それぞれの家庭から、「学級」という一つの社会に参加し、そこで子ども同士が関係を持つということを意味しています。実際に学級担任の経験のある方なら、すぐにお分かりになることでしょう。

(2) 学習と学級生活は不可分なものである

　前述の通り、学級の機能は、知識や技能を身に付けさせるという学習指導の機能にとどまりません。学級では、教師と子ども、さらには環境などとの社会的相互作用の中で、集団としての独自の風土や文化を創造していきます。

　図1を見ていただくと理解しやすいと思います。

図1　学級経営・学習指導と教師の教育観等の関係

　図中左上は、学習指導です。日々の学習指導を通じて、「知識及び技

能」「思考力、判断力、表現力等」「学びに向かう力、人間性」という資質・能力を子どもたちに育んでいく教育が求められています。

　一方、右側に2つ示したのは、学級生活を通じて育成されたり創られたりするものです。

　1つは、社会的・集団的能力です。仲良くする、協力する、助け合う、互いにルールを守るといった経験を通じて育てられていく能力ですが、これらは、学習や、やがては市民生活を支える基盤になる能力です。

　そしてもう1つは、学級の風土や文化の創造です。これは、行動規範や認識の枠組みを創り出すことにつながっていきます。

　ルールを守らなくても注意を受けない、深く考えたり話し合ったりする習慣がないという風土の学級では、当然、落ち着いた雰囲気の中でじっくり学習することが難しくなるでしょう。

　つまり、右側に示した学級生活を通じて育成されたり創られたりするものが、学習場面に直結することを意味しているのです。授業のあり様が、学級生活に影響を与えることももちろん考えられます。

　この独自の風土や文化は、児童生徒の行動規範や認識の枠組みを作るという社会的学習の機能を創り出していくことにつながります。

(3) 学級文化・学級風土とは

　教室に入っていくと、その学級独自の雰囲気を感じます。その学級らしさといってもよいかもしれません。

　学級文化という言葉はよく用いられますが、それはいったい何を意味しているのでしょうか。

　教育用語辞典で調べてみると、「学級文化」は以下のように定義されています。

　「学級集団が共有する価値意識や規範、行動様式 など」

　その学級の児童生徒の全部または一部が共有する価値意識や規範、行動様式が「学級文化」というわけですから、それは最初から存在するものではなく、集団の相互作用の結果として作られていくものと捉えることができますし、そこには文化を形成する様々な要素があると考えられます。先の児島氏の研究を参考に、その要因を図式化したのが**図2**にあたります。

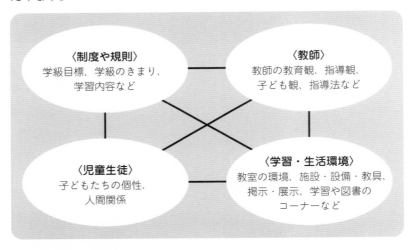

図2　学級文化を形成する要因

　そして、これら多くの要素の相互影響関係の結果として、学級独自の風土が創り出されていきます。

　これら要素が相互に影響し合って生まれてくるその行動規範などは、

子どもたちのものの見方や考え方といった認識の枠組みとなる、人間観、社会観といった価値規範を形成することにつながります。

神奈川県の公立中学校（23校）の中学2年生2,874名を対象とした調査では、学級文化は、特に階層下位（＝学力向上に課題のある生徒）の学力を左右する要因の一つになっていることを明らかにし、いじめ潜在性の学級文化は学力に負の効果があったこと、学歴意識傾向の学級文化や対教師信頼性の学級文化は学力に正の効果があったことなどを報告しています。

(4) 学級の機能がどのように発揮されるかは、教師の教育観、子ども観、指導観等が強く影響する

学級の機能がどのように発揮され、どのように子どもたちの成長に有効に働いていくかは、教師の教育観や子ども観、指導観等に大きく影響します。

今日、子どもたちの主体的・対話的で深い学び、つまりアクティブ・ラーニングが期待されていますが、教師と子ども、子どもと子どもの相互作用が、その学習成果に大きく影響を与えることは容易に想像がつきます。これまでも、様々な研究を通じて、学級文化が担任教師によってかなり異なることが示されてきました。

ところで、研究授業に参加すると、次のような場面に出会うことがよくあります。
──教師の指示に従い、みんなで同じことをする（しなければならな

　　い）

　　——教師の指示に従い、定められた時間の中で学習活動を行う（行わ
　　　なくてはならない）

　　——教師の指示に従い、定められた方法で学習活動に取り組む（取り
　　　組まなくてはならない）

　授業としては、整然と行われていて、時にその様子が研究協議等で、
良い評価につながることもあるのですが、子どもたちは、我慢すること
を何の疑いもなく受け入れているように思える場面も少なくありません。

　学校という建物の中で、指導する側の「教師」と指導を受ける側の
「児童生徒」、その間には、どうしても教師の同調圧力が働きやすいと
いう現実があります。これらは、教室の中では、目に見えない「隠され
たカリキュラム」として機能する面が大きいと言えましょう。

　心理学者のセリグマンとメイヤーは、自分がコントロールできない状
況に長く置かれると、受動的で無気力になってしまう（学習性無力感）
ことを明らかにしました。「やる気のなさ」は、その子の能力や性格で
はなく、"学習成果の一つ" と考えることはできないでしょうか。

　学級の持つ機能には、学級担任の基本的な教育観、子ども観、指導観
等といったものが深く介在します。そして、その基本的な考え方に基づ
いた方向性に向けて、顕在的、潜在的に選択・判断が繰り返され、学級
の文化や風土が作られていきます。

　「学びに向かう力、人間性等」の育成には、学級づくり、学級経営に
対する教師自身の考え方を点検してみる必要があると言えそうです。

〈引用・参考文献〉

・児島邦宏『学校と学級の間　学級経営の創造』ぎょうせい、1990年。
・明石要一『学級の集団的機能を見直す』明治図書出版、2002年、38～39ページ。
・狩野素朗・田崎敏昭『学級集団理解の社会心理学』ナカニシヤ出版、1990年。
・石戸教嗣、今井重孝編『システムとしての教育を探る ── 自己創出する人間と社会』勁草書房、2011年。
・山崎英則・片上宗二編『教育用語辞典 ── 教育新時代の新しいスタンダード』ミネルヴァ書房、2003年、p.82。
・須藤康介「学級文化が学力に与える影響 ── 学習意識・友人関係・対教師関係に着目して」『神奈川県の公立中学校の生徒と保護者に関する調査報告書』ベネッセコーポレーション、2011年、102～110ページ。

子どもたちの自律的な活動や
学びが生きる教室

　今、学校教育に熱く向けられている視線が、「自律的な学び」です。それは、リフレクティブな学習者への着目でもあります。さらに、児童生徒＝学習者個人の学びのあり方の話としてだけでなく、学級という大人数、まさに実践共同体としての学びについても求められています。いつの世も人類が抱えてきた難題の一つが、"いかに学習者が、自分の学びを自分から、自分のために、自分で取り組んでいるのか"という問いかけだといえるでしょう。この問いを念頭に、その見据える先を考えていきましょう。

（1）　学習の「自律」論はどこから、なぜ？

　「自律」的であるとは、自己の外側からの命令や制約を受けず、強制や支配もされず、自分で立てた規範に則って行動すること、だと定義しましょう（複数の国語辞典や各種辞書に基づき、筆者が整理）。ちなみに、よく混同される「自立」は、原意は"独り立ち"であり、他の有無にかかわらず、自分だけで存在可能な状況を指します。これらを踏まえると、学習者が自分から自分のために自分で取り組むことは、学習の自律性の問題であると言えるでしょう。

　「学習における自律性」について、文部科学省は、21世紀をにらんだ人材育成の方向性の柱の一つに、この「自律（性）」を盛り込みました。その前段として、生涯学習論の勃興が挙げられます（1965年ポール・ラングラン提唱）。このラングランは、フランスの教育思想家、元ユネスコ継続教育部長です。1960 〜 1970年代に、報告書や著書で生涯教育の理念を発表した、生涯教育論の先駆者です。

　1972年ユネスコのフォール報告書を契機に、生涯学習を求める機運は世界規模で高まり、日本でも1990年代までに、生涯学習と自己教育力の強調（1988年文部科学省施策）が求められ、生涯学習振興法も成立（1990年）しました。

　中央教育審議会は1996（平成8）年7月19日「21世紀を展望した我が国の教育の在り方について」（第一次答申）で、「我々はこれからの子供たちに必要となるのは、いかに社会が変化しようと、**自分で課題を見つけ、自ら学び、自ら考え、主体的に判断し、行動し、**よりよく問題を解決する資質や能力であり、また、**自らを律しつつ、**他人とともに協調し、他人を思いやる心や感動する心など、豊かな人間性である」（強調は筆者による）と表し、それは平成10年版学習指導要領の基調となる「生きる力」の内実につながりました。その発想は、2006年12月に改正された教育基本法においても、第2条の二に、「個人の価値を尊重して、その能力を伸ばし、創造性を培い、自主及び自律の精神を養う（以下略）」と記されています。

　これまでにも国際比較の観点から、日本の青少年の自尊感情の乏しさや、規範意識の低下、"キレる子ども"言説に象徴される自己統制面での課題などが問題視され、自己実現を目指す自律的な人間育成が目指さ

れました。これらは、「自己理解（自尊・自己肯定）と、自己責任（自律・自己統制）を調和の取れた形で総合的に身に付けさせていく」方向とまとめられます。

　これからの世の中や将来の日本社会を見通したときに、そこを生きていく青少年にとって、学習そのものを学習者自身のものとして意識レベルで取り戻すことが目標に掲げられて、21世紀の日本の教育はスタートしたのです。

(2)　自律的な学習を実施していく手立て

　では、このような"自律的な"学習をいかに教育実践レベルで実現していくのか、様々な立場からその原理と方法論が吟味されてきています。

・自己調整学習 (self-regulated learning)

　学習者自身が、学習の目標設定−計画−評価といったプロセスに能動的に関わり、学習者自身の認知や行動をコントロールしながら学習目標を効果的に達成していく学習のあり方です。アメリカの教育心理学者バリー・ジマーマンは、生来の能力や教育環境ではなく、自分をコントロールする主体的な取り組みができるかどうかが学習の成果や伸長の主因であると考えました。そうした自己調整と呼ぶキーワードを、多様な心理学的理論から説明したのが「自己調整学習の理論」だと言えます。この自己調整学習の重要な要素として、自己調整学習方略、自己効力感、目標への関与が挙げられます。学習の目標達成には、学習者が自分の学習をメタ的にモニターし、コントロールする自己調整学習方略が基盤と

なって、自己効力感がその遂行を促進する役割を果たすというものです。

・２つのPBL学習　〜 Problem-based learning "問題解決学習" ／ Project-based learning "課題解決型学習" ("PjBL" とも)

"PBL" と略される学習もまた、学習者に主眼を置いた学習のあり方としてよく見かけますが、同じスペルの２種のものが混同されたまま取り上げられたりしています。似てはいますが同じとは言えないものです。

一つ目のPBL（Problem-based learning）、いわゆる "問題解決学習" は、ジョン・デューイに端を発し、日本の戦後 "新" 教育や、マックマスター大学での取り組みなどでよく知られたものです。系統学習に対置され、問題解決過程を通した学習者の思考力育成を謳うもので、学習者の興味・関心や経験に重きが置かれます。

むしろ、学習の自律性という点では、もう一つのPBL（Project-based learning）のほうがより重視するようです。こちらは、1960年代アメリカの医学教育で従来型の座学・講義形式の学習形態に対置させるべく開発され発展した学習です。こちらも、学習者が能動的に学習をコントロールしますが、先のPBLが興味・関心といった対象への学習者の意識付けがより明白であるのに対して、こちらのPBL（PjBL）は取り組む課題について、その目標の設定から、プロセス全容の見通し（いかに記録・掌握するか）の重視に至るまで、学習プロセスの自律性を高め保持する仕掛けの重視がより色濃いと言ってもよいかもしれません。

・反転授業

従来の〈教室で行った学習を、学習者各自が家庭で復習・応用に取り

組む〉という図式の順序を逆にしたという意味で"反転"と称されます。学習者が事前にタブレット等の端末機器で映像教材等を対象として自力で学習し、それを教室で級友と議論し応用に展開するといった学習のあり方で、急速なPCやICT環境の進化を背景に注目度も高まりました。アメリカではすでに高校・大学での取り組みが広く散見され、日本でも2013年、佐賀県武雄市での試験的導入が話題となりました。知識・理解についてみれば、望ましい学習量、ペース、タイミング、反復等が学習者に託される点において、学習の自律性を確保させる保障を具体的な形式で切り開いたものだと言えるでしょう。

　ここに紹介した3つの"自律的"であることを求めた学習法の開発や進展には、いずれも決め手はなく、この他にもいくつも学習の自律性をねらった学習法は考案されています。総じて、**きっかけや出発点の興味・関心だけではなく、プロセスとして自己の学習をモニターし、メタ的にコントロールすることの重視**が見受けられます。学習の自律問題を、単なる学習のスタートとしての動機付けだけに矮小化するのはまずいと言えそうです。

　さらに、私たちはこの学びの改善を個々の学習者の中だけでなく、学習共同体で成立させるという大きな課題についても考えなければなりません。その一つの手がかりを次節で実践のようすとして紹介しましょう。

(3) 自律的な活動や学びの通った実践 ── 奈良女子大学附属小学校の学習に学ぶ

　奈良市に、奈良女子大学附属小学校（国立大学法人立、1911年設立、全校児童数約400名）があります。100年以上の伝統の中で、児童自ら学ぶ力を育てる「奈良の学習法」を追究し続けています。「独自学習」と「相互学習」を児童同士が"おたずね"でつないでいく、という同校固有の学習のあり方で有名です。その学習風景を一目見ると、学年段階にかかわらず、各学級で、子どもたちが生き生きとそれぞれに学び調べたことを持ち寄り、交わし合い、深め合って、さらにまた次の問いを生み出していくというサイクルを重ねながら、ともに育っていく姿に圧倒されることでしょう。

　同校の児童は、実によく調べます。四六時中考え、こだわり、不思議に思い、家庭でも学校の外でも、自らの意思で調べてきては、学級にその成果を自らの学びとして持ち込みます。それは問いであったり手がかりであったり"仮の答え"かもしれません。その吟味について、教師には間接指導が重要視されており、むしろ子ども同士の互いの質問（おたずね）でつながり、あるいは反駁され、自分一人だけでは到達できない"学級の学習"として一体感と学習活動の高揚感を持ちます。その学習の手応えが、納得感や喜びとなって児童各自の問いや考えを後押しし、また次の学びへとつながっているようです。

　このような個人の学びと学級としての学習の往復は、日々の日記や、学習のめあてや振り返りとしてノートに書き綴られ、授業や一日の始ま

り、あるいは授業の終わりの発表などで交わされます。教師はそれを巧みに掌握し、児童間の共有へと誘うように進行の合いの手を入れます。ゆえに、同校の児童に、やみくもに"やらされる"学習活動は見受けられません。自分たちで自分たちの学びを掌握していると映るばかりです。

　同校の学びの姿は、学校としての学習活動のシステム全体で取り組まれるものであって、奈良の子どもたちは１年生の入学後からこうした学びへと育まれていきます。自分が学ぶという文脈やその価値、それを学友と共に学校生活の中で実現していることが、自分たちが"自律的"に学ぶことへの信頼を強めていきます。まさに、"千里の道も一歩から"。**学習者による学習のコントロールは、型やスタイルだけでなく、日々の学びで実体験として積み重ねられることから生み出されている**のです。これぞ、ポジティブでリフレクティブな学習者の要件なのです。

〈引用・参考文献〉
・自己調整学習研究会編『自己調整学習 ── 理論と実践の新たな展開へ』北大路書房、2012年。
・J.バーグマン・A.サムズ『反転授業 ── 基本を宿題で学んでから、授業で応用力を身につける』オデッセイコミュニケーションズ、2014年。
・奈良女子大学附属小学校学習研究会『学習研究』（年４回発刊の機関誌）。
・奈良女子大学附属小学校学習研究会『自律的に学ぶ子どもを育てる「奈良の学習法」──「話す力、書く力、つなぐ力」を育てる』明治図書、2015年。

集団の中で育つ
——人材育成のベースとしての学級——

　アクティブ・ラーニングや協同学習といったキーワードを、近年における学習スタイルの特徴を捉えたものとして見かけることも多くなってきました。2017（平成29）年告示の学習指導要領にあっても、これらの考え方を取り入れた言及が随所に見られます。共同（協同）して学習を行っていく考え方に関する議論の一つとして「学習共同体論」を挙げることができます。本節では、この学習共同体論と、その源流の一つとも言える「実践共同体論」について紹介します。

（1）　実践共同体論がもたらした学習パラダイムの変化
——学習者中心の考え方

　複数の人々が関わることによる学習のあり方は、これまでに「学習共同体論」として発展してきています。この学習共同体論が今日まで発展してくるまでの源流を辿ると、その一つにレイブとウェンガーの「実践共同体論（Communities of Practice）」に行き当たります。

　レイブとウェンガーは、1991年に「状況的学習」（Situated Learning）と「正統的周辺参加」（Legitimate Peripheral Participation）という概念を説明しました。ここで説明されたことは、

自らが直接的に携わることがなくとも、周辺的に活動に参加していることによって専門性を学びとる

という過程です。1992年のレイブの論文では、具体的な事例として新米助産師が、熟練者の仕業をみながら自分の専門性を高めていくというプロセスを詳細に説明しています。

この議論がその後の学習論に与えた大きな影響は、それまでの学習は「教える－学ぶ」という関係のもとに、知識の移転であったり、教授であったりという対照性（対称性）が存在していたものに対し、**いわば非対称的な学習の存在を明らかにしたことです。このことは、ひいては学習者中心の考え方にもつながっていきます。**

その後、共著者の一人であるウェンガーは、この状況的学習を生み出す装置、仕組みとしてのコミュニティ（共同体）のあり方に注目します。2002年の著書『Cultivating Communities of Practice』の題名は、「実践共同体を開発する」という意味です。どのようにしたら、このような実践共同体、学習共同体を生み出すことができるのだろうかという議論となっていきます。

(2) 実践共同体論と学びに向かう力

「学習共同体」という概念にはお互いに教え合うといった、学びの相

互扶助という考え方以上のものが含まれていると考えた方がよいでしょう。実践共同体の定義では、共同体とは共有された目的のために活動をしていく集まりであることとされています。こうした目的を達成するために必要な知識や技術を獲得し、また協働していくという過程が示されています。この過程を見ていくうえで重要なポイントは、実践の営みの中に学習プロセスが埋め込まれているということです。学習活動のみを切り出して、認知的に知識や技術を獲得していくのではなく、実践を経ていくにしたがってその実践を成し遂げるために必要となる知識や技術を明示的・暗黙的に獲得し、問題解決に取り組みます。したがって、学習と問題解決行動は一連のもので、実践の一部であるという定義がなされていることに特徴があります。

　また、もう一つの実践共同体に見られる特徴は、共同体の活動が進んでいくにしたがって、役割が変化していくということです。誰しも最初に共同体に参加する際には「新参者」として位置づけられることになります。その共同体で経験し、熟達していくことにより、新参者は次第に「経験者（熟達者）」として位置づけられるようになります。経験者（熟達者）になるということは、次なる新参者からの学習（模倣）の対象になるということを意味します。
　このように、共同体に参加し続けることは、学習の結果、自身が成長していくことだけではなく、他者に対しての学習へ果たす役割が変化していくことでもあります。新参者が経験者を見ながら成長していく過程を、レイブらは「正統的周辺参加」と説明しています。

したがって、「学びに向かう」ことを、本節の文脈で語るならば、次のように表現することができるでしょう。

> 「実践共同体に参加し続けて、実践を経ていく中で自身を成長させるプロセスを継続していく」

そして、学習活動に向き合うモチベーションを持たせるのではなく、**目的を持って実践活動に参加し、その実践活動を継続していくためのモチベーションを育む（目的を達成したいという動機を持たせ続ける）**ことが、学びに向かうことを支援することにつながります。

(3) 教師に求められる「スポンサーシップ」という役割

実践に向かう力（モチベーション）を育成することに加えて、さらに教師が果たしていくべきもう一つの重要な役割は、こうした実践共同体を学級や学校の中に醸成、涵養（Cultivate）することです。

まさに、ポジティブでリフレクティブな子どもを育てる学級づくりです。

実践共同体は、自律的（自立的）に発生し、発展していくことが原則ではあるものの、一方でサスティナブル（持続可能）な成長をしていくためには、他者からの支援（スポンサー）が必要であるとも言われています。このスポンサーの役割を、教師やあるいは地域の支援者などが果たしていくことにより、共同体が維持・発展していきます。教師は共同体活動の状況をモニタリングし、共同体の自律性が失われないように注意を払いつつ、共同体への支援を行っていくことが求められます。

学びに向かう子どもを育てるということは、

○興味・関心を持って問題解決的な活動
　などの実践に向かい、
○その過程において学んでいく子どもを育てる、というように言い換
　えることができます。

そして、

○子どもの興味・関心を引き出し、
○実践（問題解決）に向かう子どもたち
　に必要な知識やリソースを適切に提供
　できる教師の存在

が求められます。

　教師のスポンサーシップは、ポジティブでリフレクティブな子どもを
育てていくうえで、実際の学習指導においても、また学級経営において
も重要になってくることは間違いありません。

〈引用・参考文献〉

・Jean Lave & Etienne Wenger (1991)、"Situated Learning: Legitimate Peripheral Participation"（邦題：状況に埋め込まれた学習―正統的周辺参加）.

・Etienne Wenger (1999)、"Communities of Practice: Learning、Meaning、and Identity".

・Etienne Wenger、Richard McDarmott and William Snyder (2002)、"Cultivating Communities of Practice: A Guide to Managing Knowledge"（邦題：コミュニティ・オブ・プラクティス）.

3

一人一人の
強みを生かした
学級づくり

1

人の "強み" に
焦点を当てることの意味

「学び」や「成長」というと、今までできなかったことができるようになることや、自身のよくないところを直すこと、というイメージがあるかもしれません。一方で「できないこと」や「よくないところ」といった、いわゆる欠点に焦点を当てるのではなく、逆に「できること」や「よいところ」といった、その人自身の強みを土台として大切にすることで、さらなる成長を促そうとするアプローチもあります。

(1) 喜びの感情を共有する —— セリグマン ——

教育において、子どもを褒めることの大切さはよく語られるテーマの一つです。では、皆さんは子どものどのようなところを、どのように褒めているでしょうか。人の欠点ではなく強みに焦点を当てることを提唱する2人の論者の視点から、褒め方についての考察を試みます。

これまでの心理学の分野がトラウマや欠陥を克服することに焦点を当ててきたこと、とりわけ第二次世界大戦後には人間としての基本的な機能がうまくいかなくなってしまった人たちの状態を修復することに力点が置かれてきたことを指摘したうえで、マーティン・セリグマンは20世紀末にポジティブ心理学と呼ばれる新たなアプローチを提唱しました。

　ポジティブ心理学においては、人生の困難を乗り越えるだけではなく、人が生まれながらに持っている「人をポジティブな方向に導く資質（positive qualities）」をさらに伸ばして、より生きやすくすることが目指されます。

　2000年の論文の中で、セリグマンは以下のように語ります。

「魚が自分の泳いでいる海や川について無自覚であるように、ひとも希望や愛、喜びや信頼感といった私たちが生きるために必須なもののありがたみを忘れる。（中略）〔フランスの作家・哲学者であるアルバート・カミュ〕は、哲学における最も重要な問いは「ひとはなぜ自殺するべきでないか」であると記している。この問いに答えるには、単にうつ病を治療するだけでは不十分で、ポジティブな生きる理由を要するのである。」(Seligman and Csikszentmihalyi, 2000, p.13、日本語訳は山辺による)

　つまり、セリグマンの言う「ポジティブな資質」は、決して大げさなものではないのです。多大な努力をもとに成し遂げた業績などではなく、むしろつい「ありがたみを忘れ」てしまうほど当たり前に思えるものを指します。他者と比べて秀でているものは、こうした資質とは異なります。むしろ誰しもが持っていると思われるようなものが、実は誰しもが持っていなければ生きていけないような生の基礎にあるのではないかというのです。本章では、このような生きる気力につながる素朴な資質を「強み」と呼びます。

　子どもに将来の夢を語らせ、それに向かう具体的な目標を設定させ、その目標を達成するための努力や成長の度合いをもって褒めるやり方は、この意味で、セリグマンの考え方とは異なります。子どもが生きることや大人になることに対して漠然とした希望をもてるように支援し、何か

本人が掲げた目標を達成することができた際にはその功績ではなく、その時の喜びの感情自体を共有してあげることが求められていると言えます。

(2) ポジティブな感情を言語化して共有する ──フレドリクソン──

　喜びの感情の共有ということでいうと、セリグマンのこのような指摘を受けてポジティブ心理学の研究が進展していくのと連動して、バーバラ・フレドリクソンはポジティブな感情を言語化して共有することの重要性を示す研究を発表しています。フレドリクソンは、多くのネガティブな感情が精神疾患や問題行動に連動していることを論じたうえで、だからこそ逆に、ポジティブな感情に焦点を当てられるようにすることでそれらの問題を解消していくことができるのではないか、と提案します。

　一般的にネガティブな感情は、危険を避けて命を守るための動物的な本能を背景にしていると考えられます。そのため、恐怖を感じると攻撃性が露わになるなど、ネガティブな感情は特定の行動につながりやすく、心理学的にも分析しやすくなっているのです。フレドリクソンは、これを「思考─行動レパートリー（thought-action repertoire）の狭まり」と呼びます。すなわち、ネガティブな感情を抱いている際には本能的な反射により、自ずと思考と行動の選択肢が狭まってしまうのです。そのような状況では、深く思考することも、クリエイティブなアイディアを思いつくことも難しくなってしまいます。

(3)　強みの自覚からくるポジティブな感情

　一方で、人がポジティブな感情を抱いているとき、思考—行動レパートリーの狭まりは確認されないとフレドリクソンは論じます。逆に、ポジティブな感情を抱いている時、ひとは身体活動にも従事しやすくなり、知的能力もより発揮しやすくなり、さらには社会性もよりよく見られるようになると言います。ここで重要なのは、フレドリクソンが分析するポジティブな感情というのも、喜び、興味・関心、充足感、および愛という、セリグマンが「人をポジティブな方向に導く資質」の例として示したものと共通点の多い四つの項目だということです。つまり、セリグマンが示したような、いわば当たり前の資質を自覚することで湧いてくるポジティブな感情に身を包むだけで、人はもともと持っている能力を最大限に発揮しやすくなるというのです。

　セリグマンとフレドリクソンの指摘は、多くの教育実践の中でも実証されていると言えます。例えば、道徳教育や人権教育の実践として有名な、1960年代アメリカにおいて人種差別の問題を扱ったジェーン・エリオット教諭の取り組み「青い目・茶色い目」では、白人ばかりで構成されたクラスを目の色で二つのグループに分け、1日目は茶色い目の子どもたちを、2日目は青い目の子どもたちをあからさまに差別する実験が行われました。すると両日ともに、「劣っている」と言われ差別された子どもたちは、その役割を内面化し、テストの点数を大きく落としたのです。さらに、遊ぶ気も起きないと言って休み時間も校庭の隅で座り込むようになり、態度も拗ねて不機嫌になり、怠慢になりました。まさに

フレドリクソンが指摘する、身体活動、知的能力、および社会性への影響が出ているのです。

(4)　強みの自覚を促すアプローチ

　以上のことから考察すると、子どもの能力を頭から否定する差別や暴言が子どもの能力の発揮に悪影響を及ぼすことはもちろんですが、一方で子どもの「強み」に目を向けて褒めようとする際にも、目につきやすいその子どもの特技や功績を褒めるのも理想的ではないということが言えそうです。子どもの特技や功績は、褒め慣れない大人からすると、褒めやすいポイントです。しかし、そこからもう一歩踏込んで、誰しもが持っている人間共通でより素朴な「強み」を、君も確かに持っているね、ということを確認し、愛でることができてこそ、真にその子どもの能力を最大限に発揮し得ると言えるのかもしれません。

〈引用・参考文献〉

・Seligman, M. E., & Csikszentmihalyi, M. (2000). Positive Psychology:An introduction. In American Psychologist, Vol. 55 (1), pp.5-14, American Psychological Association.
・Fredrickson, B. L. (1998). What good are positive emotions?. Review of general psychology, 2(3), pp. 300-319.
・ウィリアム・ピーターズ『青い目 茶色い目：人種差別と闘った教育の歴史』日本放送出版協会、1988年。

一人一人の強みにフォーカスする 学級内ワークショップ

　学級は、子どもたちにとって、学校生活の多くを過ごす場であり、子どもたち同士、あるいは担任教師と子どもたちが触れ合う機会の多い場でもあります。所属する学級において、子どもたち一人一人の強みがクローズアップされれば、当然、学級は、子どもたちにとって、心地よい居場所になっていくでしょう。本節では、一人一人の強みにフォーカスする学級内ワークショップを紹介します。

(1)　イメージカードを活用したリフレクション

　イメージカードを使ったリフレクションでは、言葉になっていない、あるいは意識化されていない現象や思いなどを言葉にし、意識化したり、それぞれの人が思い描いている漠然としたことをグループで共有したりすることができます。

　この手法は、教師や看護師などのリフレクション手法の一つとして開発されましたが（2018坂田ら）、児童・生徒の指導にも活用することが可能です。

　例えば、それぞれのメンバーの強みを引き出す場面のほか、グループや年度はじめのチーム・ビルディングの場面で、このイメージカードを

使い、近未来の自分の姿を思い浮かべながら自身を見つめ直すことで、それぞれの思いや願いを共有することができます。

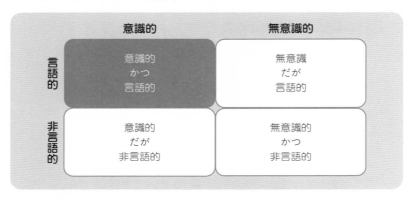

図1　思考の４事象

　コルトハーヘン（2001）は、思考の４事象を**図1**のように示しています。網のかかった部分（左上、第2象限）は、意識的かつ言語的、つまり意識することができていて言葉にもすることが容易な事柄が当てはまります。よく知っていて言葉にできる事柄ですから、何か問題が起きた時にも振り返りやすい対象ということになります。一方で、図１の右下（第４象限）は、無意識的でかつ非言語的な部分を示します。自分の強みは、案外意識されておらず、言葉になっていないことも多いと思います。イメージカードを使うことで、日ごろ意識していない、言葉になっていない強みなどに光を当てることができます。

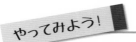

「イメージカードを活用したリフレクション」

（1）　準備

○イメージカード（50枚程度）

・グループに１セット用意します。下で紹介しているのは、REFLECT（学び続ける教育者のための協会）で開発したものの一部です。色、知、バランス、集中、継続、明るさ、力仕事、混乱、つながりなど、多様な発想ができるような写真を用意してあります。※REFLECTで開発したイメージカード（50枚一組、箱入）は、REFLECTのHPより求めていただくことができます。URL：http://www.reflect.or.jp/

○グループ編成

・４〜５名のグループを編成し、教師がファシリテーター役になります

○ワークシート

・本節で紹介するリフレクションの手法は、このイメージカードを使って、２つのワークを行います。その際、イメージしたことをメモできるワークシートがあると効果的です。ただし、書くことが目的ではありませんので、ワークシートは次ページの案のように質問項目に合わせてシンプルに作成すればよいでしょう。

REFLECTで開発した
イメージカードの一部

※イメージカードを活用し
たリフレクションにおける
ワークシートの例

ワーク①

1．選んだカードの名前

（　　　　　　　　　　）※自分でつける

2．選んだカードのキーワード

（　　）（　　）（　　）

ワーク②

1．選んだカードの名前

（　　　　　　　　　　）※自分でつける

2．選んだカードのキーワード

（　　）（　　）（　　）

(2) 展開

① 実施の目的を明らかにし、発問を検討します（下に例を示します）

　1） 一人一人の強みを引き出す場合の例

　　・ワーク①：Aさんの「強み」のイメージに最も近いカードを1枚
　　　　　　　　選び、そのカードから思い浮かぶキーワード（例えば、
　　　　　　　　温かい、計画性、粘り強いなど）を発表してください
　　　　　　　　（順番に1人ずつ発表）。

　　・ワーク②：今、グループのそれぞれのメンバーからあなたの強み
　　　　　　　　を聞きました。では、その強みをもっと伸ばすには、
　　　　　　　　あなたには何が必要ですか。がんばろうと思うことや
　　　　　　　　その気持ちのイメージに最も近いカードを3枚選び、
　　　　　　　　そのカードが何を意味するのか、なぜそのカードを選

んだのか発表してください（順番に1人ずつ発表）。

2) 学級づくりへの参画を考えさせる場合の例

　　・ワーク①：あなたにとって、「よいクラス」とはどのようなも
　　　　　　　のですか。そのイメージに最も近いカードを1枚選び、
　　　　　　　それから連想される3つのキーワードを発表してくだ
　　　　　　　さい（順番に1人ずつ発表）。

　　・ワーク②：今発表した「よいクラス」を実現するのは、あなた
　　　　　　　です。では「よいクラス」を実現するために、あなた
　　　　　　　に必要なことはなんでしょう。必要なもののイメージ
　　　　　　　に最も近いカードを3枚選び、それぞれにキーワード
　　　　　　　をつけて発表してください（順番に1人ずつ発表）。

3) 個人またはグループの目標を作る場合の例

　　・ワーク①：1年後の自分の姿を想像し、そのイメージに最も近
　　　　　　　いカードを1枚選び、そのカードがどんなことを表し
　　　　　　　ているか発表してください（順番に1人ずつ発表）。

　　・ワーク②：その姿の自分には、どのような知識や技能が備わっ
　　　　　　　てきていますか。備わっているもののイメージに最も
　　　　　　　近いカードを3枚選び、それぞれにキーワードをつけ
　　　　　　　て発表してください（順番に1人ずつ発表）。

② 流れ

1) 教師がファシリテーターとなって、流れの説明や発問をします。

2) いずれのワークも2つの発問で構成されていますが、発達段階に
　　応じて柔軟に工夫することができます。

3) ワーク①でカードを選んだら、グループ内で順番に、なぜそれを

選んだかという理由もつけて発表し合います。それぞれの発表に対して、拍手をしたり、共感の声をあげたりするととても楽しく、やる気につながるワークになります。発表の時間は一人１分程度です。

4) ワーク②も同様です。

・まず、最初の友達の「強み」を表していると思うカードを１枚選びましょう。
・選んだカードには自分で名前（タイトル）をつけて下さい。
・そのカードから思い浮かぶキーワードを３つ考えて、やはりワークシートに書いてください。

(2)　強みを引き出すリフレクション：ヒーロー・インタビュー

「振り返りをしましょう」という時、具体的にはどのような経験の振り返りを促そうとしていますか。「振り返りシート」などを活用している場合、そのシートは子どもたちにどのような経験をどのように振り返ることを促すデザインになっているでしょうか。

「この授業を振り返って気づいたことを書きましょう」といったシンプルな指示を出すと、一般的に子どもたちは以下のような反応を示すことが多くあります。

一つ目は、授業の内容や流れを淡々と記載して、いわゆる授業のレビ

ューを行う反応。二つ目は、「楽しかったです」や「考えさせられました」のように、とにかく何かを書かなければならないので深い思考をせずにパターン化した文章を反射的に書く反応。三つ目は、「もっと集中して聞けばよかった」などと自分の学びの姿勢や知識の至らなかった点への反省を記す反応です。これらはいずれもとても自然な反応ですが、こうした反応を促進することに意味はほとんどありません。リフレクションを通して、より深い気づきや学びを引き起こそうとするならば、発問の方法と場づくりに注意する必要があるのです。

　本節では、子どもたちが自己肯定感を高めながら、自分の強みを生かして学びや課題に取り組んでいく力を引き出すことを目的としたリフレクションの促し方をご紹介します。シンプルなワークですが、リフレクションやポジティブ心理学の理論に基づき、発問と場づくりをより効果的にするためのポイントを盛り込んでいます。

やってみよう！

「ヒーロー・インタビュー」

⑴　ヒーロー・インタビューの３つのポイントを説明する。

　①　４～６名のグループを作ります。

　②　教師はファシリテーターとなり、「今までの人生で一番大きな手応えを感じた瞬間、『やった！』という達成感を抱いた瞬間を思い出して、グループで話し合います」と、これからのワークの流れを簡単に説明します。

　③　そして、それぞれがエピソードを話し始める前に、今日の話し合いは「ヒーロー・インタビュー」の形式で実施することを伝えます。

この時、「『ヒーロ・インタビュー』を見たことがある人！」などと子どもたちに声をかけ、野球が好きな子どもがいたら「じゃあ、ヒーロー・インタビューをするときのポイントってどんなのがあると思う？」などと聞いてみるとよいでしょう。あまり野球を見たことのない子どもが多ければ、実際のプロ野球の試合後のヒーロー・インタビューの映像を見せてから、ポイントだと思うことを聞き出すのも効果的です。

　以上のやり取りをした後に、「ヒーロー・インタビューをするときのポイントをたくさん挙げてくれてありがとう。どれも大事なポイントだけど、今日みんなに大事にしてほしいと思っているポイントはこの３つです」などと話し、子どもたちの意見を受容して肯定的な場を作りながら、焦点を絞っていきます。ヒーロー・インタビューの３つのポイントは、以下の通りです。

① 讃える（まず拍手！、「すごい！」「素晴らしい！」などと肯定する）
② 感情について聞く（「どんな気持ちでしたか？」など繰り返し尋ねる）
③ 今後の抱負を聞く（「次の試合に向けて、一言お願いします」などと未来の展望を尋ねる）

【ポイント１】まず、「讃える」こと。これが何より重要です。実はこの３つのポイントを発表する前に、実際の野球のヒーロー・インタビューの様子を思い出してもらったり映像を見せたりしていたのにも、ヒーロー・インタビューに必須の「肯定的な場」の雰囲気を教室に持ち込む意図がありました。あまり肯定的な話をすることに慣れていない子ども、慣れていない集団であればあるほど、今日のワークではこのくらい思いきって褒め合ってほしいという教師の意図が明確に伝わるようにする工

夫が大切です。場の温め方が足りなかったり、「讃える」という１つ目のポイントが十分に伝わらないままワークに入ってしまうと、子どもたちの中に照れが生まれてしまいうまくいかないことがあります。

　このポイントを説明するときに、ぜひ「例えば実際のプロ野球のヒーロー・インタビューでインタビュアーが、選手が出てきたときに微妙な表情をしたり、選手が何かを話してくれたときに『でも、本当にあのプレーでよかったのでしょうか？』なんて聞いてしまったりしたら、どうなると思う？」と問いかけてみてほしいと思います。想像しただけで、子どもたちはインタビュアーとしてやってはいけないこと、言い換えれば「肯定的な場」を潰してしまう言動をある程度理解することができます。ですから、問いかけの後は「だから、そういうことはみんなも今日はしないでください。相手の人はヒーローとして呼ばれてインタビューを受けてくれているのだから、最後までその人が気持ちよく話せるようにしてくださいね」と注意するだけで、NG言動に関する説明を終えることができるはずです。

【ポイント２】次に「感情について聞く」。これは普段の会話ではなかなか行われることが少ないのですが、リフレクションにおいてはとても重要なポイントです。ヒーロー・インタビューでも、「その時の思いは？」「その時のことを思い出している今、どんな気持ちですか？」といった感情について尋ねる質問を、繰り返し投げかけます。こうすることで、語り手は成功体験の瞬間の記憶をより鮮明に、感情や身体感覚をもって思い出し、無意識的だったことや言葉にしづらいことをも深く思い出しながら語ることができるようになります。

　ところで、感情についてあまり話す習慣のない家庭やコミュニティで過ごしていると、子どもも大人も、感情を表す語彙があまり出てこなくなってしまうことがあります。「楽しかった」「嬉しかった」「悲しかった」という表現はよく聞かれますが、本当は「楽しい」「嬉しい」「悲しい」といった感情にも無数の種類があります。例えば、自然と小さな笑みがこぼれるような楽しさだったのか、両手を上げて大声を出してしまうほどの楽しさだったのか、していることに無言で没頭してしまう形の楽しさだったのかでは、大きな違いがあるのです。こうした違いをも聞き手に伝えることができるようにするためには、表現力も大事ですが、それ以上に、その時の実際の感情や感覚を思い出したり意識したりできるようになることが重要です。

　だからこそ、この２つ目のポイントを押さえる上で大切なのが、「繰り返し尋ねること」なのです。「その時は、どんな気持ちでしたか？」と一回尋ねると、多くの場合、「すごく嬉しかったです」といった端的な回答が返ってきます。そこで重ねて「心が熱くなる感じですか？」や「ガッツポーズはしましたか？」といった問いを投げることで、「その時は表現しなかったけれど、心の中で『よっしゃ』と叫びました」というような、一歩踏み込んだ感情表現を引き出すことができます。また、「そのときのことをお話されている今もすごくよい笑顔をされていますが、そのときもやっぱり笑顔が溢れていたのでしょうか？」というように、その場での話し手の表情やボディランゲージにも注目をして質問を投げかけることができると、より豊かな表現を引き出すことができるとともに、より深いリフレクションを促すことができます。

【ポイント３】最後のポイントは「**今後の抱負を聞く**」。「次の試合には、

どんな気持ちで臨みたいですか？」とか、「来シーズンに向けて意気込みを一言お願いします！」といった質問なしに、プロ野球のヒーロー・インタビューは終われません。こうした未来志向型の質問を投げかけることで、過去の栄光だけを根拠に自己肯定感を一時的に高めるだけでなく、高まった自己肯定感をもとに今後の行動をポジティブに変えていくことにつなげることができます。

　特に、この問いを投げかける前の段階で、話し手が自分の強みに気づき、受け入れられるようになっていることが理想的です。そのような状態にあれば、「今後、あなたの強みをどのような場面でどう生かしていけそうですか？」などの質問を投げかけられた話し手は、「とにかく頑張ります」「気を引き締めていきたいと思います」といった回答よりも、具体性のある回答を思いつきやすくなります。

⑵　展開：いよいよヒーロー・インタビュー

　説明が終わったら、いよいよ実践です。以下のような時間の流れを子どもたちに示してからワークを開始し、教師（ファシリテーター）はしっかりとタイムキーピングを行ってください。

・エピソード・トーク：

　　語り手になった人が、成功体験を2分間で語る（この間、聞き手は相槌以外は言葉を発さずに静かに聴く！）

　　　〈拍手！〉

・ヒーロー・インタビュー：

　　聞き手になった子どもたちがそれぞれインタビュアーになりきり、囲み取材形式で語り手のヒーローに3分間でインタビューを行う（この際、3つのポイントを必ず押さえること！）

〈拍手！〉

・強みの書き出し：

　エピソードの内容や、インタビュー中の話し手の言動や表情などから見えてきた語り手の強みを、聞き手（インタビュアー）を務めたひとたちが思いつくだけ1分間で書き出す（大きな模造紙を机の上に広げておくと、全員同時に書きやすいです）

→次の語り手に交代して、全員が語り手を務めるまで続けます

　エピソード・トークが2分、ヒーロー・インタビューが3分、そしてその後の強みの書き出しが1分ですので、グループ内一人当たり6分のワークとなります。ですので、単純計算で4人グループなら24分、5人グループなら30分で終了します。

※「強み」を書く際のポイント

　1分間という短い時間ですので、できるだけ端的に書くことが重要です。例えば「勇敢」「察する力」「おだやか」「優しい」というように一語で表現したり、「決断力がある」「友達を第一に考える」「誰にでも公平に接する」などといった短い言葉の連なりで表現したりすることが理想です。一つの強みについて深く書くよりも、多くの強みを書いてあげるほうが重要なので、「文章で書かないでください」という指示を加えることも有効です。実際、「○○さんはこういうことができたと聞いて、頭がいいなと思いました」というような文章を書き始めると、1つ目の強みも書き終わらないまま時間が終了してしまいかねません。

(3) ヒーロー・インタビューを帰りの会やホームルームにつなげる

ヒーロー・インタビューを実施した後は、それぞれの子どもが聞き手役になった子どもたちに書いてもらった強みを教室の壁に貼りつけたり、子どもたちが持ち帰ったりできるようにしてあげたりして、高まった自己肯定感を持続させる工夫を加えることをお勧めします。また、せっかくヒーロー・インタビューをしている際に子どもたちが楽しい気持ちになれたとしても、ワークが終わったらまたダメ出しばかりされてしまうような学級では、意味がありません。ワークの中で気づいたお互いの強みを、日々の生活の中でも子どもたちが尊重し合えるように働きかけることも重要です。

さらに言えば、教師はヒーロー・インタビューのワークには入りません。しかし、タイムキーピングの仕事はアラーム機能などに任せて、できるだけワーク中は子どもたちの話を聞いて回ってください。中には指示を十分に理解できていなくて、ちょっと意図と違う動きをしてしまう子どももいるでしょう。でも、せっかく強みに焦点を当てるワークをしているわけですから、どうか「さっき説明したでしょう」とか「違う、そうじゃない」といった遮り方をしないでください。どうしても指摘しないといけないミスに気づいてしまった場合にも、「みんなすごく楽しそうに話してくれているけれど、一つだけもう一回確認したいことがあります！」というような言葉遣いで指摘をするようにしてください。そして、ワーク終了後には子どもたちがそれぞれの仲間のために書いた強みに目を通して、教師自身が、それらの子どもたちの強みを受け止め、肯定し、これからの学級生活の中で生かしていこうと考えることが何よりも大切です。

　なお、今回紹介したワークを学校で実施するのは、学級活動やホームルームの場が中心になると思います。しかし、もしそうした時間が取れない場合にも、帰りの会などを利用し、各回一人ずつが成功体験を報告する取り組みを行うことができます。

　発表後は、学級のみんながインタビュアーになって、讃える、感情について聞く、今後の抱負を聞くという3つのポイントにそって質問をします。一通りの質問が出終わったところで、ファシリテーター役の教師から、「今日報告してくれたM君にはどんな強みがある？」とクラス全体に投げかけます。30人の学級だと30日間かかりますが、このように日常の学級活動にヒーロー・インタビューを取り入れていく方が、一過性のワークで終わってしまうよりは遥かに子どもたちの自己肯定感の高まりを持続することにつながります。

　繰り返しになりますが、何よりも大切なのは、ヒーロー・インタビューのワークを通して見えてくる子どもたちの強みを肯定的に受け止めて、それらをさらに伸ばしていこうとする、学級の雰囲気を定着させようとすることです。

イメージカードを活用したリフレクション
（小学校での学級活動）

ヒーロー・インタビュー
（大学院での演習）

(3) 自分の核を見つけるリフレクション：レンジャーズ・ワーク

　教師のリフレクションを通した学びに関する研究で著名な、オランダの教師教育学者フレット・コルトハーヘンは、「玉ねぎモデル」と呼ばれる図を用いながら、現代人が自身の核を見失ってしまうメカニズムと、リフレクションを通したその克服方法を論じています。これは大人のリフレクションを想定して開発されたモデルですが、将来が見通しにくい現代に生きる子どもたちに向けても重要な意義があると考えられます。

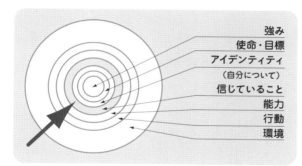

強み
使命・目標
アイデンティティ
（自分について）
信じていること
能力
行動
環境

図2：玉ねぎモデル

　玉ねぎモデルの中核には「強み」がありますが、その次には「使命・目標」と「アイデンティティ」という層があります。これらの内側の部分が、玉ねぎの外側にある「行動」に影響を及ぼすということはイメージしやすいと思います。しかし実際には、玉ねぎの外にある「環境」の部分から内側に向かって大きな圧力がかかっているのが、多くの現代人の現状であり、内側の「アイデンティティ」や「使命・目標」の内容までもが環境によって変容させられたりゆがめられたりしてしまっていることが多いのです。

　例えば、「じっくり考えることができる」という強みを持っている人が、「他者に寄り添い、その人の悩みなどに耳を傾けながら一緒に打開策などを考えていける人になりたい」という使命感や目標を掲げていて、「自分は思いやりを大切にする人間だ」というアイデンティティを持っていたと仮定します。しかし、大学を卒業後、働き始めた職場に困っているお客さんがいたのでじっくり話を聞いて対応を考えていたところ、「１人の顧客に時間をかけすぎだ」と上司に注意されたとします。するとその人は、深く考え込まずにとにかく作業スピードを速くする術を身に付け、次第に「自分は必要最低限の会話を通してより多くの顧客に商品の説明をすることが得意な人間だ」と信じ始めたとします。これはよく見られるケースですし、このような変容も「成長」の一側面であることは確かです。しかし、このような外側からの圧力による変容、言い換えれば、社会や周囲の人間からの要求に合わせて自分自身を変えていくことばかり行っていくと、徐々に自身の核を見失い、本当に自分がしたいことはなんだったのかが分からない迷子になりかねません。

　コルトハーヘン曰く、だからこそ玉ねぎモデルの内側から外側に向かったリフレクションを行うことが重要です。自己肯定感を高め、自身の強みを改めて見つめ直した上で、本当に自分が実現したいことは何かを考えていく時間をとることで、外からの圧力によって歪んでしまった自身の核を取り戻すことができるのです。

　自身の核を見失いがちであるという現代人の問題は、学校や学級、家庭という集団の中で過ごす子どもたちにとってもとても身近な問題だと言えます。多くの子どもは、保護者や教師、クラスメイトなどから求められていることを敏感に感じとって生きています。明確に言葉で伝えら

れているわけではなかったとしても、誰かの期待に応えるために「もっとしっかりしなくちゃ」「もっと頑張らなきゃ」と思っていることが少なからずある子どもが多いのではないでしょうか。当然ながらそうしたプレッシャーの全てが悪いわけではなく、成長につながる期待もありますが、他者の期待や要求に応えていただけで幸せになれる子どもはいません。子ども自身の中で、どの期待や要求に応えることを優先させるのか、自分自身が自分にかける期待はどのようなものなのかを考える力を身に付けさせてあげることが大切です。

やってみよう！

「レンジャーズ・ワーク」

ワークショップの流れ（例）

　①穴埋めワークシートの活用

　②レンジャーズ・ワーク

⑴ 導入：穴埋めワークシートの活用

　次ページの穴埋め式のワークシートは、玉ねぎモデルの内側からの４層を文章化したものです。これらの項目について考える機会をつくることで、子どもたちが自分自身の強みや目標について改めて見つめ直し、自分自身の言葉でそれを語り直すことにつながります。

　なお、リフレクションにかかるスピードには個人差がありますので、宿題として穴埋めプリントに取り組んできてもらうのも有効です。また、ヒーロー・インタビューを行った直後など、自己肯定感が高まっているときの方がこのワークシートは記入しやすくなります。子どもたちに取り組ませるタイミングにもぜひ配慮してください。

また、ワークシートの２つ目と３つ目の文章の「○○として」の部分は、指定して記入してもらってもよいでしょう。例えば、「○年○組の一員として」や「○○小学校の児童として」というふうに指定してもよいですし、「○○町のひとりとして」や「家族として（兄として、妹として、孫として、なども可）」などと指定することで、学級や学校を超えた役割や目標を考えてもらうこともできます。

私は_____が得意です。
私は____として____という役割を大切にしています。
私の____としての目標は____です。
私の強みは____です。

（自分の能力について）信じていること
アイデンティティ
使命・目標
強み

玉ねぎモデルに基づく穴埋めワークシート（左）と玉ねぎモデルとの関連

⑵ レンジャーズ・ワーク

① 自分の強みを言語化する

いよいよレンジャーズ・ワークに入ります。まず、それぞれが記入してきたワークシートをグループ内で見せ合います。

この際、記入できていない文章があっても問題ありません。自分一人の力では思い浮かばなかった項目については、グループのメンバー同士でサポートし合って、互いに質問などを投げかけ合いながら全ての空欄を埋めきるための時間を十分にとることも大切です。

② 自分の強みをイメージ化する

グループ全員がワークシートの穴埋めを終えたら、以下のような問い

かけをします。

——あなたの強みは、どのようなイメージですか？

——何色が似合うと思いますか？

——何かシンボルで表すとしたら、どのような形でしょうか？

——あなたの得意なことを必殺技で表現するとしたら、何という名前の、
　　どのような技でしょうか？

——その必殺技をかける相手は、どのような人やものなのでしょうか？

　10分ほど時間を取って、自分の強みを表す色、シンボル、そして必殺技についてのイメージを個人個人で固めてもらいます。とりわけ最後の「その必殺技をかける相手はどのような人やものなのでしょうか？」という投げかけを通して、改めて自分は何を目標にしていて、その最大の阻害要因となっているものは何なのかをじっくり見つめるように促します。

③ イメージをフラッグにする！

　最後に各グループで「スーパー〇〇レンジャーズ」という名前の戦隊ヒーローグループをつくり、模造紙などに（模造紙の半分程度の大きさが最適です）そのグループを象徴するフラッグ（旗）を制作します。個人個人で考えた色、シンボル、必殺技、および悪役（必殺技をかける相手）のイメージを表現しながら、全体のつながりもつけて、一つの戦隊ヒーローのグループを結成することを目指します。

　ポイントは、各児童が考えた自分の個性を、全体の統一感を演出するために変更させてしまってはいけない、というルールを伝えることです。

例えば、それぞれの児童が書いたヒーローをグループで共有してみると、赤色のイメージのヒーローが２人、青色が１人、緑色が１人いることがわかったとします。戦隊ヒーローを知る子どもであれば、「赤色の２人のうち、どちらか１人は黄色に変更した方が収まりがいいな」と感じるかもしれません。しかし、このワークは玉ねぎモデルの外からの圧力によって歪められがちな自己の核を、内側からのリフレクションを通して取り戻すことを目指すワークです。ワークシートに記入したことや、それに基づいて子どもたちが考えた自分自身のヒーローのキャラクターを、グループのために書き換えてしまうことは避けたいところです。全員が黄色のヒーロー戦隊があっても、全員の必殺技がチョップの戦隊があっても、それが各児童の核を尊重していれば構わないのです。

　各々の児童の強みや核を象徴するヒーローのイメージがグループで共有され、いざ一つのヒーロー戦隊を結成するという際には、以下のような質問を投げかけると効果的です。

──チームとして目指す、共通の目標は何ですか？

──このメンバーが力を合わせた場合、どのようなことを実現できると
　　思いますか？

戦隊のフラッグをつくろう!

①チームのシンボルマークやテーマカラーをイラストで表そう！
②あなたの戦隊の名前は？
③何を目指す戦隊？
④強みは何？
⑤必殺技は、何？

こうして、最終的に20分程度の時間で子どもたちにグループ毎に1枚の模造紙の半分程度の大きさの紙にフラッグを描いてもらい、その後クラス全体で発表し合います。ワークシートに記入する時間には個人差がありますが、仮に15分程度と想定すると、ワークシート記入に15分、それぞれの子どもが自分の強みや核を象徴するヒーローのイメージを固めるのに10分、フラッグづくりに20分、発表に10分ほどかかるとして、全体では約1時間かかります。やや長くなってしまいますが、最初のワークシートの穴埋めを丁寧に行うだけの時間を確保することはとても大切で、そこを急ぎ足に行ってしまうと、見栄えだけ良くても実際のグループのメンバーたちの強みを表現できていないヒーロー戦隊が完成してしまいがちです。だからこそ、最初の穴埋めのステップには宿題として取り組んでもらうことも検討していただきたいと考えています。

最終的に完成したフラッグは、ぜひ教室に掲示し、子どもたちがいつでも見られるようにしてください。

〈引用・参考文献〉

・Korthagen、F. A. J. et al.（2001）Linking Practice and Theory: *The Pedagogy of Realistic Teacher Education*. London: Routledge.（武田信子監訳『教師教育学　理論と実践をつなぐリアリスティック・アプローチ』学文社、2010年).

・坂田哲人、中田正弘、村井尚子、矢野博之、山辺恵理子『リフレクション入門』学文社、2019年。（本節で紹介したリフレクション手法は、『リフレクション入門』で中田、山辺が紹介した手法を児童生徒向けに手を加えたものです。関心のある方は、ぜひ『リフレクション入門』をご覧ください。）

3

年間を通じた学級での
「強みプロジェクト」の実践

　日本の子どもたちの自尊感情や自己肯定感が、世界の子どもたちの中でも低いことが報告されています。子どもたちの自信のなさ、自尊感情の低さの原因の一つとして、学校では学力以外の個性を認められる機会が少なく、自分の価値を見出せない子どもたちがいることが挙げられています。学校が抱える課題は、より複雑化・困難化しており、個々への適切な支援とともに、様々な個性をもった子ども一人一人が大切にされ、それぞれの「強み（strength）」を生かしながら学び合える学級づくりが課題となっています。

　これまでの学級集団づくりや授業実践を振り返ってみると、個人の「強み」を生かすというよりは、むしろ児童の実態を踏まえつつも、"学級全体の目標の実現"を第一にしてきた傾向は否定できません。今求められているのは、それぞれの「強み」に子ども自身が気付き、友達や教師がそれを認識すること、そしてその「強み」を生かし強化する実践を日常的に積み上げることではないでしょうか。

(1)　本実践のねらい

　担当していた4年生の子どもたちにアンケート調査を行ったところ、

自尊感情・自己肯定感は平均よりもやや高く、全体的にはバランスが良いことが分かりました。しかし項目ごとに傾向を見ると、**「自己評価・自己受容」の平均点が最も低く、個々による差も大きいことが分かりました。また、自己肯定感の安定している子は、「学校生活」と「自己評価・自己受容」に強い結びつきがありましたが、自己肯定感の低い子は「学校生活」と「関係の中での自己」に強い結びつきがあり、その中の４割が「自分には強みがない」と答えました。**つまり、学校生活が周囲の関係を気にするだけにとどまらず、自分自身を認める「自己評価・自己受容」につながるようにしていくことが大切だと考えられます。

　そこで、「子どもたち相互の協同的な活動により、他者との関係において自らの「強み」を自覚したり、持続的な取組や教室内の環境整備を行ったりすることで、児童の自尊感情や自己肯定感を高めることが可能である」という仮説を立て、実践を行うことにしました。

(2)　強みプロジェクトの計画

　自尊感情や自己肯定感を育むための実践はこれまでにも多数行われ、それぞれの効果が報告されています。しかし、実践の期間が短く、年間を通じた計画的・継続的な実践となっていないことや、教科・領域をつなぐ視点が弱いことが課題だと考えていました。

　そこで、各教科の年間指導計画やこれまでの授業・学級経営を見直し、自尊感情や自己肯定感を高めるために、「強み」に焦点を当てた指導プログラムを作成しました。作成に当たっては、市民科を軸として他教科との関連も意識しました。市民科とは品川区独自の教科で、これまで

別々に行われてきた道徳・特別活動・総合的な学習の時間を、市民科学習の要素として組み込むことによって一つの単元を構成し、学習を展開していくものです。

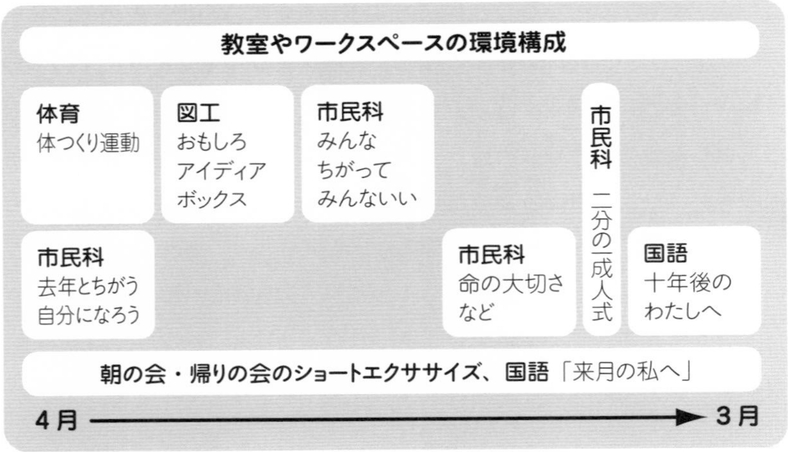

図3　年間を通じた「強みプロジェクト」

　既存の単元をできるだけ生かして、それらを組織的に配列したり無理のない範囲で新たな取り組みを位置付けたりしました。結果、市民科4単元・国語1単元・図工1単元・体育1単元・年間を通じた取り組み3つからなる「強みプロジェクト」となりました（**図3**）。

　作成に当たっては、以下の4点を重視しました。図3のプランは、**図4**のような視点で構成しています。

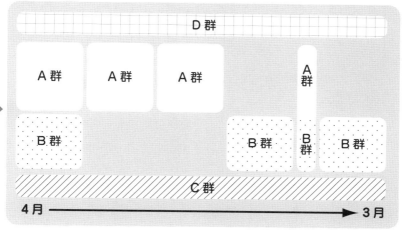

図4 「強みプロジェクト」構成の視点

(3) 強みプロジェクトの実践 〜「みんなちがってみんないい」〜

　開発した「強みプロジェクト」のうち、ここでは「強み」に焦点を当てた「みんなちがってみんないい」（6時間）の実践を紹介します。

　本単元のねらいは「自他の『強み』に気付き、認め合い、助け合うことの大切さを理解する。集団の中で自分の『強み』を生かすことができる」です。既存の単元のねらいや各ステップのねらいは変えず、グループワークの内容を変更して単元を再構成しました（**図5**）。いずれも、

93

道徳や特別活動の時間に実施することが可能な内容です。

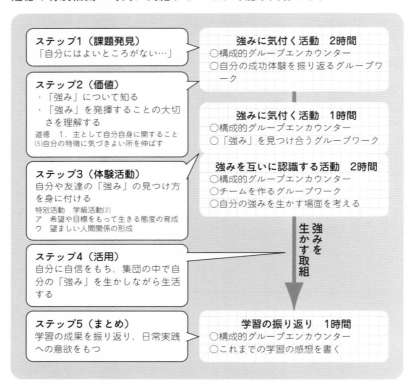

図5　市民科「みんなちがってみんないい」の単元構成

〈第1・2時〉ヒーロー・インタビュー

　第1・2時は、初めに「強み」とは何かを知り、「強み」を発揮することのよさについて理解させました。そして、自分の「強み」に気付かせることをねらいとして、成功体験を振り返るグループワークを取り入れました。

　自分の成功体験を一つ思い浮かべ、その場面をレゴブロックで表現し

ます。子どもたちは、「音楽隊のクラリネットで曲が少しふけるように

なった」「平泳ぎで25m泳げるように
なった」「フラダンスが上手になった」
など、自分の成功体験をイメージしな
がら、レゴブロックと色鉛筆を使って
画用紙の上にオブジェを作っていきま
した。

図6　オブジェ作成の様子

　オブジェが完成したら、それを使って4人班で「ヒーロー・インタビ
ュー」を行いました。

①　1名がオブジェを指さしながら、いつ・どこで・どのような成功
　　体験をしたのか、その時どう感じたかなどを、1分程度で簡潔に説
　　明します。

②　他の3名は説明を聞いた後、まずは拍手！　続いてヒーロー・イ
　　ンタビューを行います。台本を参考にして、「〜が難しかったと思
　　いますが、どうですか」「この成功までにどんな準備（練習）をし
　　てきたのですか」「成功の秘訣は何だと思いますか」など、上手く
　　いった時の気持ちや、友達の良いところ・頑張ったところを引き出
　　すような質問をしていきます。

③　ヒーロー・インタビューの中から見えてきた友達の「強み」を付
　　箋紙に書き、その友達にプレゼントします。

　子どもたちは掲示されている「強みワード」の例も参考にしながら、
友達の「強み」を一生懸命書き出していきました。付箋をもらった子は、
自分の成功体験を話してみんなに認めてもらえたことで、満足感を味わ
うことができました。

付箋に書き出された「強み」(例)
・意志が強い
・まじめ
・熱意がある
・がんばり屋
・向上心がある

図7　児童のオブジェと友達に書いてもらった「強み」

〈第2時後の環境構成〉

　第2時で作成したオブジェと「強み」の書かれた付箋を、学年のワークスペースに展示し、互いの「強み」を伝え合えるような環境を整えました。授業後にも自分の「強み」を友達に話し、認められることで、自分の「強

図8　ワークスペースに展示したオブジェ

み」への認識を強化したり自信をもったりすることにつながりました。

〈第3時〉　新たな強みに気付く

　第3時は、自分の「強み」に対する自分と友達の捉えを比較することで、新たな自分の「強み」に気付くことをねらいとして、SGE（構成的グループエンカウンター）の「四面鏡」をベースに、レジリエンスを高めるためのワーク「私の強み発見」のワークシートも参考にして活動を設定しました。

　まずは個人作業で、自分の「強み」と班員3人の「強み」を3つずつ

ワークシートに書き出します。それを使って４人班でグループトークを行い、それぞれが考えた班員の「強み」を、理由とともに伝え合うという活動です。「○○君は『社交的』。だって、誰とでも楽しそうに話せるもん」「○○さんは『思いやり』。この前私が泣いている時に一番に声をかけてくれたよ」など、それぞれの立場から見える友達の「強み」を交流しました。

　伝えてもらった「強み」には、「意外」「納得」など様々な思いがあったようですが、どの子も自分の「強み」に気付いたことへの喜びがあふれていました。前時には自分の「強み」への実感がなく、本時まで「自分の強みがほとんどない」と思っていた児童も、授業を通して自分の「強み」を自覚することができました。これまで自分なりに「強み」を自覚していた児童も、前回とは違うメンバーと活動することで、新たな「強み」を再発見できました。「強み」への気付きは、「複数回」「様々な活動を通して」促す必要があることを感じました。

〈第４・５時〉　強みを生かしていく

　第４・５時は、「強み」に焦点を当てたリフレクション「レンジャーズ・ワーク」を、子ども向けにアレンジした活動として設定しました。

　この活動では、一人一人が自分の「強み」を生かすことで集団のためにどんなことができるのか、それぞれの「強み」が結集するとチームとしてどんな力が発揮できるかを考えます。チームのプロフィール（「フラッグ」）を作成することを通して、「強み」への自信や学級への所属感を持つこと、互いの「強み」を大切に生かしていこうという気持ちを持つことを期待して実践しました。

　4人班で班員全員の「強み」を確認した上で、「チームカラー」「シンボルマーク」「必殺技」「チーム名」を決めてフラッグに表現していきました。

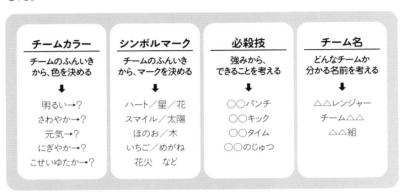

チームカラー	シンボルマーク	必殺技	チーム名
チームのふんいきから、色を決める	チームのふんいきから、マークを決める	強みから、できることを考える	どんなチームか分かる名前を考える
↓	↓	↓	↓
明るい→? さわやか→? 元気→? にぎやか→? こせいゆたか→?	ハート／星／花 スマイル／太陽 ほのお／木 いちご／めがね 花火　など	○○パンチ ○○キック ○○タイム ○○のじゅつ	△△レンジャー チーム△△ △△組

　教室内はにぎやかで、「シンボルマークはここに大きく書いたらいいんじゃない?」「チームカラーで塗ろうよ」「この必殺技いいね、気に入った」など、子どもたちは楽しそうに活動していました。どんな作品に仕上げても間違いではなく、児童の自由な発

図9　作成したフラッグ

想が生かされる活動であったため、普段のグループ活動では意見を出しにくい児童にとっても参加しやすかったのではないかと思います。振り返りの中に「強みを生かして、これからクラスや学年に笑顔を増やしていきたい」という記述がありました。レンジャーズの活動を通して児童は、「強み」は発揮できることを理解し、日常生活場面で生かしたいと

いう「実践化」への意欲を高めることができました。

〈第5時後の環境構成〉　強みを生かしたフラッグを

　作成した各班のフラッグは、学級のみんなに紹介した後、いつでも見ることができるようにワークスペースに掲示しました。「必殺技」や「チーム名」は児童にとって親しみやすく、授業後も自分の班のフラッグだけでなく、他の班のフラッグも楽しそうに見ていました。

　班ごとの特徴がよく表現されており、「この班は、笑いに関しては最強だね」「この班は、いろんな人がいるから色んな必殺技があるよ」「シンボルマークがおもしろいね、いいアイディア」など、それぞれのカラーを肯定的に捉える姿が多く見られました。

図10　ワークスペースに掲示したフラッグ

〈第6時〉　特別な支援を必要とする子どもに配慮した学級づくり

　第6時は、学習の成果を振り返り、その後の生活へつなげようとする気持ちを持たせられるような活動を設定しました。

　様々な考えや「強み」を持つ人が集まって集団ができていることを知り、集団の一員として自分の力を発揮しようという気持ちや、友達のことを尊重しようという気持ちを持つことをねらいとして実践しました。

たくさんの人がいた方がより学習が深まると考え、この時間だけは学年の３学級合同で授業を行いました。

　導入で、人それぞれ違う感じ方や考え方を持っていることに気付かせるために、SGEの「色いろいろ」を行いました。赤・青・黄・白の中で自分の好きな色を選び、その色紙が貼ってあるところに集まりました。90名がほぼ均等に分かれ、そこに集まった人で３〜４人のグループを作って選んだ理由を伝え合いました。全体で交流すると、同じ「赤」を選んだ人でも、「広島カープが好きだから」「情熱的な色だから」「大好きないちごの色だから」のように選んだ理由が違うことを確認しました。

　授業の雰囲気が和らいできた頃、同じ「強み」を持つ人同士でグループを作りました。大勢集まる「強み」もあれば、数名、あるいは１人しかいない「強み」もありました。同じ「強み」の人同士で互いのことを話す時間を作ると（１人の場合は１人同士が集まって「スペシャルチーム」を結成）、「同じなのは『強み』だけじゃなくて、好きな遊びまで一緒だった」「このメンバーでお笑いをやったら楽しそう」などのように、様々な気付きがありました。授業の中で、偶然「『強み』も出しすぎると『弱み』になる」ということに気付いた児童がいたので、それを全体で共有しました。今回のプログラムでは「強み」に焦点を当てて指導を進めましたが、「強み」と「弱み」は表裏一体の部分があり、児童が自然とそれらをつなげて考えていたことには驚きました。

　「１人しかいない『強み』のことをどう思う？」と投げかけると、「いろんな『強み』の人がいるから、おもしろい学年になるんでしょ。だから、１人でもその「強み」を大事にしたらいいと思う」「人数じゃなくて、その人の『強み』を大切にしてほしい」などの意見が出されま

した。

　最後に、学習を終えての振り返り（学んだこと・感じたこと・変化したことなど）を書いて、単元のプログラムの全てを終えました。

①自分の強みを自分だけで見つけたのではなく、**友達といっしょに見つけられたことがうれしかったです。**この学習が終わってしまって残念です。でも、これからも自分の強みや友達の強みを考えて、生かしていきたいと思います。

②**強みの授業をしている時は、みんな笑顔でした。**強みを知ると楽しいことがたくさんあるんだなと思いました。これからもクラス・学年にたくさんの笑顔が増えるといいなと思いました。

③最初の授業では強みが分からず、自分からは言うことができませんでした。けれど、**たくさんやっていくうちに、友達や班の人に強みを教えてもらい、**今は自分で強みが言えるようになりました。けれど、強みも出すところに気を付けないと、今度は弱みになってしまうので覚えておきたいです。

④**人はほめられたりいいことを知ったりすると、自信をもつんだなと思いました。**自分たちで作ったレンジャーズもかっこよく、**強いところが合体しているので、いいものが作れた**と思います。

⑤一人一人の強みは大切だし、どんな強みでもはずかしくないことを知りました。**強みの学習をして変わったことは、自分に自信を持てるようになったことです。強みを知ると自信がつくし、自信がつくと強みがもっと強くなる**と感じました。

表　単元のまとめにおける児童の記述（ゴシックは筆者）

（4）　自尊感情や自己肯定感が高まった

　本実践の目的は、年間を通じた「強みプロジェクト」の実践を行い、子どもたちの自尊感情や自己肯定感を高めることでした。

　開発した指導プログラムを実施して、子どもたちの変容を分析し、プ

ログラムの効果を検討してきました。特に、低群の子どもたちの自尊感情や自己肯定感を高められたことが大きな成果でした。もちろん、子どもたちの変化には、「強みプロジェクト」だけでなくその他の学習や生活も深く関与しているでしょう。ただ、これまで自分に自信が持てなかった子が、友達と一緒に「強み」を見つけたり、「強み」の掲示物を目にしたりすることで、少しずつ自分のプラス面を語るようになりました。

　また、「『強み』の自覚」「協同的な活動」「持続的な取り組み」「環境整備」が自尊感情や自己肯定感を高めるために大切であることが明らかになりました。今後も、プログラムを改善し、子どもたちの自尊感情や自己肯定感を育んでいきたいと思います。

〈引用・参考文献〉
・伊藤美奈子「子どもの自尊感情や自己肯定感を高める指導」、東京都教職員研修センター『自信　やる気　確かな自我を育てるために　子どもの自尊感情や自己肯定感を高める指導資料（基礎編）』2011年、56〜57ページ。
・イローナ・ボニウェル監修『子どもの「逆境に負けない心」を育てる本　楽しいワークで身につく「レジリエンス」』法研、2014年。
・國分康孝監修『エンカウンターで学級が変わる　ショートエクササイズ集』図書文化、1999年。
・品川区教育委員会『品川区小中一貫教育市民科　市民科指導の手引き』2011年。
・中原淳監修『教師の学びを科学する　データから見える若手の育成と熟達のモデル』北大路書房、2015年、195〜206ページ。
・星野治子・正保春彦「小学校における構成的グループエンカウンターによる自尊感情育成の研究」「茨城大学教育実践研究22」、2003年、63〜77ページ。
・松尾睦『職場が生きる　人が育つ「経験学習」入門』ダイヤモンド社、2016年、161〜191ページ。
・八巻寛治『構成的グループエンカウンターミニエクササイズ56選　小学校版』明治図書、2001年。

4

ポジティブで
リフレクティブな子ども
の育成に欠かせない
特別支援教育の
視点

　第1章で、『「学びに向かう力・人間性等」をエンジンとした学びのサイクル』を大切にした指導の意義とともに、「学びのサイクル」を支える要素として、いわゆる「メタ認知」に関わる力を含むものと、「人間性等」に関わるものを整理して示しました。そこでは、「自己の感情や行動を統制する力」や「よりよい生活や人間関係を自主的に形成する態度等」、また、「多様性を尊重する態度や互いのよさを生かして協働する力」などを挙げています。これらの力や態度等を育成するうえで、教師が十分に配慮するべきことがあります。それは、子ども一人一人の発達の状態を把握し、個別の教育的ニーズに応じた指導をすることです。

特別な支援を必要とする
子どもに配慮した学級づくり

（1）　個別の教育支援を必要とする子どもたち

　教科指導の研修会に参加する先生方に、指導上の悩みは何ですかと尋ねると、「学習や対人関係あるいは集団への適応に困難を示す子どもたちへの対応」という意見が必ず返ってきます。その様子を詳しく聞いていくと、「多動傾向が強いために集団活動に参加できない」「こだわりが強く、友達との協働がうまくいかない」「周りの状況を察することが苦手で、友達とのコミュニケーションがうまく取れずにトラブルになってしまう」などが、具体的な状況とともに話されます。教師が、このような子どもの特性に配慮した指導スキルを身に付けていないと、授業そのものがうまくいかないというのです。

　このことは学級集団づくりの課題そのものでもあります。個別の教育的ニーズに対応していくことの難しさについては、初任者、中堅、ベテランといった教職の経験の多少に関係なく切実に語られます。この子どもたちは、「自己の感情や行動を統制する」ことや、「よりより人間関係を自主的に形成する」こと、また、「多様性を尊重する態度や互いのよさを生かして協働する」ことを困難・苦手とするからです。その困難さは子どもによって異なるので、状態の把握や対応の仕方も多様です。「こうすればうまくいく」といった決め手となる手法はありません。特

別な支援の必要性を実感しながらも、うまく対応できていない現場の苦悩が浮かび上がってきます。

(2) 通常の学級に在籍する発達障害の可能性のある子ども

　では、通常の学級には、特別な支援を必要とする子どもがどのくらい在籍しているのでしょうか。2012年度に文部科学省が、全国の38,895人の小学生を対象に調査し、通常の学級に発達障害の可能性のある児童生徒は「6.5％程度の割合で在籍している」と発表しました。

　さて、この割合で計算してみると、30〜40人の学級では2〜3人程度、全校400人の学校であれば26人程度在籍しているということになります。もちろん6.5％という数値は、平均化した割合を示したものですから、学級や学年、学校などの実態によって変わります。実際に、発達障害等があると判断され、全校の10％の子どもが「通級による指導」を利用しているという小学校もあります。

　ここで、「通級による指導」について簡単に解説しておきます。ほとんどの授業を通常学級で受けながら、週に1〜8時間程度、障害に基づく諸々の困難の改善・克服に必要な特別の指導を特別な場、つまり通級指導学級や通級指導教室等で行う仕組みのことです。対象となる障害は、言語障害、自閉症、情緒障害、LD、ADHD、弱視、難聴等です。通常学級には、知的な遅れはなく、このような障害のある子どもが在籍しているので、教師が十分に配慮して学級づくりに臨む必要があるわけです。この中でも、発達障害と言われる自閉症、情緒障害、LD、ADHD（文部科学省・新しい時代の特別支援教育の在り方に関する有識者会議資料「日本の特別支援教育

の現場について」2019.9 5ページ）の子どもたちが、「通級による指導」を受ける人数が急増しています。特別支援教育がスタートした2007年には全国で13,787人でしたが、2019年には68,839人と10年で約5倍にもなっています。（同11ページ）

　つまり、先生方が授業や学級づくりで抱いている、子どもの個別の教育的ニーズに対応していくことの難しさというのは、その多くは発達障害あるいはその可能性のある子どもの指導についてであると言えます。さらに、通常学級には知的な遅れがある子ども、つまり知的障害のある子どもも保護者の強い要望によって在籍している場合があります。通常学級の担任としても、「障害」や「障害児教育」などについて、ある程度の知識や指導・支援のスキルを身に付けていること、また、担任1人で抱え込むのではなく、学校として組織的に対応する体制を整えることが重要なことが分かります。障害のある子どもとそうでない子どもが一緒に、それぞれのよさや可能性を認め合い、支えながら、学校生活を送る基盤となる学級づくりが求められているのです。

図1　教育活動の土台となる特別支援教育（渡辺、2018年、10ページ）

通常の学級における
特別な支援を必要とする子どもへの対応

　ここからは、具体的な子どもの障害特性が顕在化した状態を例示しながら、特別支援教育の視点から学級づくりにおいて配慮すべきことについて見ていきましょう。

(1) 「特別な支援を必要としている子どもは必ずいる」という認識をもつ

　「学級開き」と言われる、担任する子どもたちとの出会いの日を大切にしたいものです。子どもたちも新しい学級への期待と不安を抱いてその瞬間を迎えます。子どもたちの担任への関心の高さは教師が想像する以上です。また、教師もこれから１年間、子どもたちとどんな学級づくりをしていくかというワクワク感とともに力の入る日でもあります。

　ところが、新しい学級がスタートするこの日を「１年で一番嫌な日」と表現する子どもがいます。友達との関わりや集団への適応を苦手とする５年生のＫさんは、できればこの日を避けたいと春休みから思っていたというのです。Ｋさんのような子どもは、その障害特性から感情のコントロールや集団への適応を苦手とするために、関係性ができていない友達や教師から誤解を受けやすいということがあります。辛い思いを言

葉にすることもできずにじっと耐える日あるいは1週間、1か月となってしまうこともあるのです。環境の大きな変化にどう自分を適応させていくか、精神的に相当な負荷がかかり、中にはそのストレスが腹痛や頭痛といった身体的な症状となって現れる子どももいます。これが登校しぶりや不登校の原因になってしまうケースもあります。このように、本来の障害特性が原因で、他者や集団との関係性が二次的に問題化する状態を「二次的な障害」あるいは「二次障害」と表現することがあります。Kさんの発達の状態は校内でも共有されていたので、特に新学期の活動や委員会、クラブ活動などの、新しい集団への適応時には、配慮した声かけなどをすることが教職員間で共通理解されていました。

　学級づくりのスタートには、上記のような状態の子どもが必ずいるという認識と、二次障害を起こさないよう特別な支援を必要とする本人への具体的な手立ての準備が大切です。そのためには、子ども一人一人について、事実に基づく情報を持っていなければなりません。学級経営は、子どもに関する情報収集と、それをどう活用するかという見通しを持つことから始まると言えます。

(2) 特別な支援を必要とする子どもの情報を集め、分析する

　特別な支援を必要とする子どもについては、校内で情報が共有されるように特別支援教育校内委員会が組織されています。校内委員会での情報共有は、主に二つの資料を中心に行われます。一つは、幼児児童生徒に対して関係教育機関が連携して作成する「個別の教育支援計画」です。幼児期の様子や関係の医療・福祉機関等の情報も記載されているもので

す。もう一つは、担任が作成する「個別の指導計画」です。これは学校が作成するもので、当該の子どもの入学から卒業までの指導・支援の内容や方法、状態の変容などが追記されるようになっています。小学校から中学校への引き継ぎ資料としても活用されます。支援に関するこの二つの計画は、2020年度から全面実施の学習指導要領総則にもその意義や位置付け、作成や活用の方法も明示されています。

　上記の計画が作成されていない子どもの中にも、発達障害の可能性のある子どもがいるかもしれません。その子どもとの関わりのある同僚から、友達との関わりや学習の状況などについて具体的に話を聞き、記録するということも、支援の手立ての準備に結び付く情報収集です。こうして集めた情報を基に、担任としてその子どもにどのように接していくか、仮のイメージを作り、実際に関わりながら、手立てを検証・更新していくようにします。担任と当該の子どもとの関係性を俯瞰しながら、有効な支援の仕方を探っていくという姿勢をもちたいものです。

(3)　学期のスタートでのつまずきを避ける手立てを講じる

　Ｓさんは、自分は静かにしていたいのに、教室がザワザワしていることにイラつき、机を叩きながら大きな声で「うるさい」と叫びました。5年生の時は3学級の学年でしたが、学級減となり6年生で2学級になった新年度がスタートして間もない時期でのことです。その形相に驚く子ども、「何、爆発してるんだよ」と冷やかす子ども、「どうしたの？」と心配する子どもと、周りの反応は様々です。Ｓさんには、どの言葉かけも入っていきません。ランドセルを取り、教室から出ていってしまい

ました。新担任が教室に来たときには、教室内はさらに騒がしくなっていて、その理由を聞いた担任は、教室を出ていってしまったＳさんの後をあわてて追いました。

　このような事態が起こってしまうと、学級内の空気は一気にネガティブになります。担任も冷静ではなくなります。Ｓさんには、聴覚過敏でイライラが募ると衝動的な行動に出るといった障害特性がありました。

　このことは新担任も知っていて、様子を見ながら本人とも面談をしようと思っていた矢先のことでした。しかし、新しい集団との出会いのハードルは高く、感情のコントロールがうまくできなかったのでしょう。この時の言動がもとになって、からかわれたり、無視をされたりして、集団活動への参画ができなくなるような二次障害となってしまうと、学級経営上の問題としてその解決は大変難しいものとなります。

　最終学年のスタート期のつまずきが卒業まで響く。学級づくりにも大きく影響する一例ですが、どこの学級でも起こりうるものです。どのような手立てを講じることができたでしょうか。学級スタートの当日の放課後に、Ｓさんの保護者と一緒に面談をして、聴覚過敏への対応や衝動性が激しくなってきた時の対処法を合意形成しておくことで、あの事態を避けることができたかもしれません。その必要度が高ければ、校長の許可を得て、子どもたちへの担任発表前に、前担任も同席したＳさんとの面談の機会を設け、学級の人数が増えることやメンバーが変わることについての不安を聞いて、新担任も頼りになるという関係性を作ってお

くことも考えられます。このようなことがSさんにとって必要な特別な支援、あるいは合理的な配慮と言えます。

(4) 担任ができる合理的配慮によって、子どもの「困難さ」を軽減する

　先述したように、発達障害の障害特性は多様であり、発達段階によってもその現れ方は変わります。ですので、担任を中心とする細やかな見取りと記録、組織的な情報の共有と協働的な分析・手立ての考案、支援体制づくりが、特別支援教育を実効的なものにします。

　その際、Sさんの事例のように正式な担任発表の前に、個別に面談をするといった、公平性に欠けると思われるような対応も、子どもの発達の状態に応じて教育上必要な「合理的配慮」と校長が判断すればできることを念頭におく必要があります。

　2018年に「障害者差別解消法」が施行され、行政機関等及び事業者に対して、次のように「合理的配慮の提供」が義務付けられました。

　　その事務・事業を行うに当たり、個々の場面において、障害者から現に社会的障壁の除去を必要としている旨の意思の表明があった場合において、その実施に伴う負担が過重でないときは、障害者の権利利益を侵害することとならないよう、社会的障壁の除去の実施について、必要かつ合理的な配慮を行うこと
　　（内閣府『障害者差別解消法合理的配慮事例集』2017年より）。

　行政機関等である学校は、障害のある子どもが他の子どもと平等に教育活動に参画できるよう、個別に必要な配慮をしなければならないということです。その際は、当該の子どもの保護者からの申し出を受けて、学校と相談の上、可能な限り対応するということになります。

　合理的配慮には、これまで先生方が当たり前のように行ってきた配慮がたくさん含まれます。例えば、視力や聴力が弱い子どもには、できるだけ前の席に座らせるようにしたり、板書を写すことに時間がかかる子どもには、授業後に時間をとったりするなど、その子どもの困難さに応じた配慮をしてきたはずです。

　合理的配慮が法的に義務付けられたことによって、学校としてこのような配慮・対応を体系化して実施することが求められているのです。つまり、法制化されたことやそこで用いられている用語、合理的な配慮の提供のプロセス、具体的な対応・配慮の観点等を全教職員が理解し、実施できるようにしなければならないということです。

　例えばTさんは、知的な遅れはありませんが、読むこと書くことが極端に苦手であるLD（学習障害）であるために、学級の友達と同じように板書をノートに写すことができません。そこで担任は、あらかじめ作成した板書計画をコピーして渡すという支援をしていました。しかし、学校にタブレット端末が入り、友達の支援も受けながらTさん自身が板書を撮影し、それを印刷して持ち帰り、家族がサポートして復習するという対応に変わりました。まさに担任や学級による合理的な配慮です。担任は、Tさんがタブレット端末を用いる理由について、みんなが理解できるよう説明し、学級内で合意形成されているので、友達も自然にサポートすることができているのです。その後、Tさんの保護者から、タ

ブレット端末を購入し、家庭の責任で授業で活用させてほしいという申し出が学校にありました。Tさんへの学級内での対応は、校内委員会等を通じて全校で共有されていましたから、校長も家庭からの申し出に許可を出しました。

その後は、Tさん自身が自分で判断してタブレット端末を効果的に活用できるようになっていきました。担任の個別の対応が、学級の子どもたちの「障害」に対する具体的な理解と対応力を高め、家庭との連携を経て、障害のある子ども自身が困難な状況を乗り越える力を身に付けるに至ったということになります。このように担任が、特別な支援を必要としている子どもに適切に対応する姿が、子どもたちの心に届き、学級内の相互支援の風土を作っていくことにつながっていくのです。

今、高校や大学入試においても、障害特性に応じた合理的配慮が行われています。学習障害の子どものためにテストの時間を調整したり、個別のブースで受けられるようにしたり、問題文を他者が読み上げたりする支援などです。当然、小中学校の通常の学級でも、このような支援を求めている子どもがいるということです。

(5) 子ども同士の相互理解を深める活動を多様に準備する

学級目標や生活指導目標などに、「相手のことを考えて行動しよう」という言葉がよく使われます。子どもたちは幼児期から何度もこの言葉に触れていますが、これほど難しいことはありません。「相手」は、自

分とは異なる経験をもち、ものの感じ方も考え方、表現の仕方も違うからです。特別な支援を必要とする子どもの立場はさらに複雑です。

　例えば、「授業中は席に座って先生や友達の話を聞く」という、多くの子どもにとって当たり前のことが、多動性の強い子どもにとっては当たり前のことではないということがあります。集団活動での苦手さや困難さを理解してもらえず、幼児期から注意・叱責されることが多く、本人はどうして叱られてばかりいるのか納得できていないので、当然、自己肯定感も低い。担任が、「Ｙさんは、ADHDなのでみんなとは同じように行動することは難しい」と説明したところで、子どもたちは理解できません。発達障害名は、「概念」として子どもの成長に関わる大人同士が理解するための言葉だからです。子どもたちが共感・理解できるのは、その子が得意としていることや、苦手としている状態を克服するために頑張ろうとしているポジティブな状態です。そこで、子どもの相互理解を深めるいくつかの取り組みを紹介します。

やってみよう！

「自分の「得意」を公表し合う」

〔ねらい〕自分が「これは得意です」というものを言語化し、学級内で公表して、相互理解を深める一助とする。

〔活動の流れ〕

　発達段階に応じてこの活動の表現や公表の仕方は工夫を要します。小学校低・中学年であれば、「○○名人」といった名称がいいでしょう。自分が得意だと思うことをいくつか書き出し、最後は一つに絞ってカードに書いて、紹介し合うのです。カードの裏にはその理由も書けるよう

にしておき、教室内にコーナーを設置して掲示します。

　こだわりが強く、気持ちを切り替えることが苦手なＥさんは、「漢字名人」と自信を持って書きました。漢字の習得を苦手としている子どもたちが、次から次へとＥさんに質問をします。漢字辞典１冊をほぼ丸ごと暗記しているＥさんに答えられない質問はありませんでした。それまでＥさんは、こだわったことからの切り替えが苦手なために、集団活動から外れていても暗黙の了解で許されているような状態でした。しかし「漢字名人」として「すごい」と称賛されたことを契機に、集団活動への参加がスムーズになりました。

やってみよう！

「学級目標に照らして、自分の目標を立て、学級内で共有する」

〔ねらい〕学級のあり方についての一人一人の願いで共通することを可視化し、その実現のために各自が取り組みたいことを理解し合う。

〔活動の流れ〕

　小学校高学年ではそれまでの経験を基に、自分たちの力で次のような活動もできます。子ども一人一人が、こんな学級で活動していきたいというイメージをキーワードにしてカードに書き出します。まずはグループでカードを分類整理し、話し合ってグループのベスト３を決め、それを全体で黒板に整理しながら掲示していく。そうすると、子どもたちの「学級」への共通の願いが可視化されます。意見を交流させてその中から、学級目標に含める言葉を選び、スローガンにしていくのです。

　次に、スローガンとなった学級目標を実現するために、自分ができる

ことを個人目標として考える活動を扱います。ここからの活動に、子ども一人一人の特性が現れます。教師は、一人に１枚のカードを配り、表には個人目標を書くように話しながら、どうすればその目標が実現できるか一緒に考えられるとよいねと話し、カードの裏にはそれを実現するために頑張ろうと思うことを３つ書くことを合意形成します。

　「プラス思考で、力を合わせ、最高学年としての役割を果たそう」という学級目標に対して、Ｉさんは「下級生に優しくして、尊敬されるように頑張る」と書きました。Ｉさんは、同学年の友達の気持ちを察することが苦手で、うまくコミュニケーションを取れないことに劣等感を抱いていました。しかし、低学年の子どもとの関わりが上手なので、休み時間にはＩさんを慕う下級生が集まってきます。Ｉさんの目標カードの裏に書かれた３つのことの一つに、「２年生に仲良く遊べる方法を教えてあげる」とありました。これを読んだ数人の友達が、Ｉさんが昨年からこの子どもたちの面倒を見続けてきたことに感心の声が上がり、自分たちも見習わなければという声も聞かれました。

　いずれの取り組みも、発達障害のある子どもの特性を具体的な姿で子どもたちが理解し、認め、励ます関係性が生まれやすい関わりを意図しています。自己紹介や目標づくりなどは、学級活動で必ず扱われることですが、ルーティーンになっていないでしょうか。その活動には学級づくりにどんな意図があるのか、子ども一人一人の発達をどう促そうとしているのか、担任としての丁寧な吟味と実現の構えが大切です。

（6） 学級のルールをシンプルに分かりやすく、 「みんな納得」にする

　みんながポジティブな気持ちで過ごせる学級にするためには、「これだけは守ろう」という合意形成されたルールが必要です。そしてルールは、学級のみんなが守れるものでなければなりません。

　Ｄさんは、相手の気持ちを察することや暗黙に了解する、周りの空気を読んで行動するという、想像力を働かせることが苦手です。「周りの様子を見て判断しよう」「ちゃんと行動しよう」「人に迷惑をかけないようにしよう」というような抽象的なものは、Ｄさんの理解を超えてしまいます。「○○の時には、□□しよう」とか、「人が嫌だと言うことはしないようにしよう」というように、具体的で、目に見える・聞いて判断できるシンプルなものにする配慮が必要です。

　ルールは子どもたち自身で決めて、自分たちが決めたことを責任を持って守る。課題が見つかったら学級の状況に応じて常に更新していく。教師が集団を管理統制するものではなく、子どもたちが前向きに学級づくりに関わるものとしたいところです。そうすることで、ルールの善し悪しや自分たちの取り組み状況への振り返りも主体的なものとなり、個々の成長、学級集団の成長に結びつくものとなります。

　しかし、学年が上がるにしたがって、子どもたちが整えるルールの言葉は抽象的になりがちです。そこにも多くの子どもの成長が見られるのですが、発達障害のある子どもの特性の改善の時間や顕在化のタイミング等は複雑で多様なので、高学年だから、中学生だから、といった判断

は通用しません。ですので、子どもたちと担任がルールを合意形成していく過程で、Dさんのように配慮が必要な子どもへの注目を促す働きかけが必要です。学級のルールの表現形式を具体的・単純化する方法、抽象的なもので示しておいて、Dさん仕様に分かりやすい表現をかっこを付けて添えるという方法も考えられます。いずれにしても、子どもたちがみんなで守れるルールを作る際に、友達の特性を配慮して考えることができるような経験を低学年から少しずつ積み上げていこうとする教師の姿勢、学校全体の共通の認識が重要です。

(7)「みんな違って、みんないい」
── 多様性を相互理解する ──

　障害のある子どももそうでない子どもも、ポジティブでリフレクティブに行動し、みんなが居心地の良さを感じている学級は、特別支援教育の理念が子どもに浸透し、学級が「共生社会」の縮図のようになっていると言うことができます。

　他者との関係において感情のコントロールが苦手なKさん、聴覚過敏と衝動性が激しいSさん、読み・書きに大きな困難さのあるTさん、多動性が強いYさん、興味を持ったことへのこだわりがとても強く切り替えがうまくいかないEさん、同学年の友達とのコミュニケーションを苦手とするIさん、そして、暗黙に了解したり、周りの空気を読んだりと想像することが苦手なDさん。

　通常の学級にいるこのような子どもたちも、学級集団に緩やかに包み込まれている状態が保たれているのです。そして自己の障害特性にポジ

ティブに向き合い、困難さや苦手さを自分なりに理解し、他者や集団との関係をうまく調整する術を獲得するチャンスが保証されている学級集団となっているのでしょう。また、学級の子どもたちも、障害のある友達の状態をその特性として承認し、うまく付き合うことが当たり前になっているのです。誰でも得意なこともあれば苦手なこともあり、それは多様であることが実感的に共有されている子どもたちの関係性が成立し、学級が安心できる場となっているのです。

　Kさんのように、自分の感情のコントロールがうまくいかないことは誰にでもあります。Sさんのように、気に入らないことにカッとなって自分でも思いもよらない言動をとってしまうこともあります。このような状態は、その大小、多少の違いはあっても、誰もがなりえることです。

やってみよう！

「自分は友達からどう見られているかを可視化する」

〔ねらい〕学級の友達のそれぞれの「すごい」ところを見出すとともに、友達が自分の「すごい」ところをどう見ているか知り、相互に承認感と肯定感を高め、学級への帰属意識を強める。

〔活動の流れ〕

　書き込みができる座席表を配布し、学級の全員が自分以外の友達の欄に、その友達の「すごいなあ」と思うことを書きます。作業の初めに全体で、自分にはできないけど頑張っていること、学校や学級のために力を尽くしていること、その友達らしいことなど、「すごい」の捉えの大体を合意形成します。その上で書込み作業の時間をとり、記入が終わったところで座席表を切り取り、個人カード化します。個人カード化され

たものをそれぞれが本人の机上に置きに回ります。本人が友達のカードを置いて席に戻った時には、自分の「すごい」ところが書かれたカードが机上に集まっているということになります。

　この活動は、１単位時間で行うこともできます。さらに朝の会等で、「先生のすごいところってどんなところ」と子どもたちに投げかけ、多様に出された意見をある程度分類整理して、「すごい」という見方について深めておき、「明日の５時間目に、学級の友達一人一人の『すごい』ところ見つけをしようと思う」と、友達の「すごい」を見つける、自分の中で価値づける時間を十分にとってから、座席表への記入活動をするという流れも考えられます。

　いずれにしても、集まった自分の「すごい」に目を通し、学級の友達がこんな風に自分を見ているということを確認すると、自ずと顔が緩みます。その時の思いを感想として記述するよう促します。「自身の頑張りを分かってくれている友達がいる」「思ってもみなかったところを友達はすごいと評価してくれている」など、改めて自分自身を見つめ直し、評価されていることに対して頑張ろうという前向きな気持ちが強化されます。同時に、学級への帰属意識も強くなります。

(8)　困難・苦手さに配慮した言葉・声かけを価値づける

　発達障害のある子どもは、幼児期から叱られる経験が多く、自己肯定感が低い傾向があります。Ｒさんは、注意・集中することが苦手です。グループで理科の実験をする時も、これは安全に関わることだから注意

しないといけないと分かっていても持続することが十分にできていません。しかし安全に関わることですから、担任としては不注意状態を指摘しなければなりません。「よそ見をしてはダメじゃないか」とか、「話を聞いていなかったの」といった、子どもに「叱責されたと」いう感覚が残るアプローチをしがちです。

　Rさんの「すぐに気が逸れてしまう」「一つのことを最後までやり遂げられない」という状態は、怠けの気持ちや物事をいい加減にしてしまおうという意思で起きているわけではないのです。Rさんは、叱責の意図を汲み取る準備はできていませんから、情緒が不安定になり、行動の修正には結び付きません。叱責ではなく、教育的な注意喚起の声かけをされたと、Rさんが受け止められるようなアプローチをすることが必要になります。担任は、危険なことへの指摘をしたうえで、こうした方がいいねという行動の方向性を示す指示をするよう心がけたいものです。

　このような担任の姿は、周りの子どもたちにとってもネガティブには映りません。むしろ、では自分はどうかと前向きに捉え、Rさんへの注意・助言が他の子どもへの注意喚起になることの方が多いのです。

　特に障害のある子どもは、「言葉」から受ける印象に敏感です。「叱責」と感じる言葉を発する相手には心を閉ざしてしまい、逆に、自分の特性に配慮していると感じる言葉遣いには気持ちを安定させます。しかし、子ども同士の関わり合いの中では、誰にでもある苦手さであるにも

かかわらず、ルールや規律を守るために叱責的な言葉を発することが多くなりがちです。発達障害のある子どもの中には、叱責的な言葉に怒りを募らせ、集団活動の妨害やものに当たり散らすといった行動に出てしまうこともあります。誰もが居心地のよいと思える学級集団づくりには、子どもなりに障害特性に配慮した声かけ、言葉遣いに気を配ることのできるような指導が欠かせません。

やってみよう!

「ナイスサポート・ポジティブ語録」づくり

〔ねらい〕友達や集団との関わりで、これは相手のことをよく考えた関係づくりになると思われる言葉かけや行動を目にした時に、学級で共有し、認め合い支え合う集団風土を作る。

〔活動の流れ〕

Rさんが、体育のソフトバレーのゲーム中に集中が途切れ、ネットとは異なる方向に体が向き始めました。その様子に気づいたチームのキャプテンが、Rさんに「ネットの方を見ていないと、ボールがきても分からないよ」と注意しました。これは、Rさんにとって分かりやすい注意喚起になりました。

担任は、このような、Rさんの特性に配慮した声かけを見逃しません。ゲーム終了後の全体での振り返り場面で、このキャプテンの声かけをRさんが掲げた「集中してゲームをする」という目標実現への、ナイスサポートとして価値づけて紹介し、なぜこれがナイスサポートなのか何人かの子どもたちから考えを引き出します。「Rさんにとって、どうすればよいか分かりやすい」「そうだ!と、思って、集中し直せる」「よしや

ろうという気持ちになる」など、建設的な意見が出ます。

　このように、障害のあるなしにかかわらず、苦手なことを前向きに改善しようという気持ちになる言葉や声かけを捉えて、担任と子どもたちとで、誰もが居心地のよい学級という視点から、その意味について合意形成していきます。帰りの会などで発表し合う、あるいは授業中に担任が取り上げるなどし、学級の一つの財産として「ナイスサポート・ポジティブ語録」に掲載していくことにします。教室の特設コーナーに書き加えていくことで、互いに認め合い、支え合う時に使える言葉を具体的に理解していく環境が一つ整います。

〈引用・参考文献〉

・文部科学省「新しい時代の特別支援教育の在り方に関する有識者会議」資料「日本の特別支援教育の現場について」2019年。
・渡辺秀貴編著『Ａ４・１枚特別支援教育実践シート』教育開発研究所、2018年。
・文部科学省「通常の学級に在籍する発達障害の可能性のある特別な教育的支援を必要とする児童生徒に関する調査結果」2012年。
・文部科学省「小学校学習指導要領解説 総則編」2017年。
・内閣府「障害者差別解消法合理的配慮事例集」2017年。
・中央教育審議会「共生社会の形成に向けたインクルーシブ教育システムの構築のための特別支援教育の推進（報告）」2012年。
・東京都日野市立公立小中学校全教師・教育委員会with小貫悟『通常学級での特別支援教育のスタンダード』東京書籍、2010年。

5
ポジティブで
リフレクティブな
子どもを育てる

学期や学年の終わりに 自己の学びをリフレクションする

　資質・能力の育成を志向した教育は、具体的な授業の展開とともに、子どもたちの学習成果を的確に捉え、再び指導改善に生かしていくことが重要になります。とりわけ、非認知的能力の側面を持つ「学びに向かう力、人間性等」は、どのように評価していけばいいのでしょうか。

（1）　学びを振り返る

　「学びを振り返る」ということが、学びに向かう力を育むために必要不可欠であることは、現代においてそれほど疑問に持たれることはないでしょう。むしろ、様々な教育実践の場面において「振り返り」の営みが行われることがますます増えてきているようにも見受けられます。ただ、この「振り返り」の営みを詳しくみていくと、おそらく複数の意味や意義で用いられているようです。これらは大きく2種類に分類することができ、また、相互に関連していると言えるでしょう。

・学習経験を作る〜実質的記録と省察的記録〜

　アメリカの学習科学者であるディー・フィンクは、「学習経験を作る」をキーワードに、この2種類の「学びの振り返り」について次のよ

うにまとめています。

　1つ目に分類される学びの振り返りとは、**どのような内容を学んだのかということを復習するために振り返る営み**です。円の概念について理解した。あるいは、鎌倉幕府ができる経緯について想像し、理解した。というように、学習の過程において出てきた内容・トピックを正確かつ十分に得るために、もう一度その内容・トピックを確認する（レビューする）という営みです。フィンクは、そのためにノートをまとめたり、メモを生成したりするなどの作業のことを指して「実質的記述（Substantive Writing）」と呼んでいます。

　フィンクはその一方で実質的記述に対して、「省察的記述（Reflective Writing）」という考え方を提唱しています。この省察的記述で書き出される内容は、**私は何を学んでいるのか、学んでいることの持つ価値は何か、どのようにしたらこの問題を最高で最も快適に学ぶことができるのか、私は学ぶために何をしたら良いのか**、といった、**「学びそのもの」あるいは「学ぶ過程」を対象とした振り返り**です。これが2つ目に分類できる学びの振り返りのあり方です。

　この両者は、どちらの考え方が優れているといったものではなく、両方とも大事で、かつ適切に使い分ける必要があるでしょう。

　前者の振り返りには、そのトピックや内容についてより深く考え、内容を追究していくというねらいを持たせることができますし、記述という方法を取った場合には、その理解度を量ることもできるでしょう。

　一方で、後者の振り返りには、内容やトピックの理解を深めることよ

りも、その学習活動自体を学習者自身の手に委ねることに意義があります。それは、自分自身に意識を向け、自らが学びに向かうという成果を期待することができます。そしてフィンクは、省察的記述の発展段階として、３つの段階を提示しています。

・省察的記述の３つの段階

　第一段階は一つの授業単位で行われる省察的記述であり、ミニット・ペーパーと呼ばれるものを例に挙げています。日本ではリアクション・シートなどとも称されていますが、いずれの方法においても、これまでに述べてきた通り、「そこに何が書かれるか」が重要です。

　例えば、この授業を通じて「まだ分からない点は何か」というような記述を求めます。これを記述するためには自分自身の学習状況を自分自身で把握しなければなりません。したがって、そこで何が話されていたのかだけではなく、この時間を通じての自分自身の学習のあり方がどのようであったかに目を向ける必要が出てくるのです。自分自身の学習のあり方という点が、自身への省察につながるのです。

　第二段階は、一定の学習ユニットを単位としての同様の振り返りです。提出されたミニット・ペーパーに教員が応答し、それがある一定数たまった段階で、それまでの過程全体を捉えて省察を促します。

　第三段階は、その学習者自身の全体の振り返りとしての「ラーニング・ポートフォリオ」の作成を推奨しています。

・自己評価を通じて自己の学びに責任を持つ

　こうした省察的な振り返りの営みは、カナダのオンタリオ教育省が発

出している資料において、「学習者による自己評価（Self-Assessment）」
の一連であるという定義も行われています。自己評価を行うことによる
効果については、自分自身の学びに対して責任感を持つ、破壊的な行動
を低減させる、メタ認知能力の向上といったことが期待できると言われ
ています。

　フィンクは**記述**による振り返りを体系化していますが、**対話**によって
行うという手段も考えられるでしょう。学習者の振り返りを助けるよう
な質問を投げかけたり、会話の中から気づいたりすることを通じて、自
分自身の学習活動そのものに目を向け、その意義を考えていくというこ
とができると考えられます。記述によるものは、その時点で記録が残さ
れているという利点が考えられますので、例えば対話と組み合わせ、記
録を残していくなどのアイディアも考えられるのかもしれません。

・学びの足跡〜ラーニング・ポートフォリオを作る

　ジョン・ズビザレッタは、ラーニング・ポートフォリオの構成要素に
ついて次のような提案をしています。

　ここでみられる特徴は、学習の振り返りや意味づけということだけに
とどまらず、単元や学習ユニットを超えたところにある学習の目的や、
自身の将来に役に立つのかといった学びの意味づけを行ったり、自分自
身の資質・能力を客観的に評価したりすることなど、これまでの学びを
歩んできた私の姿を自分自身で表現することを求めています。

　これらの作業は、必ずしも容易なことではないでしょう。そこで、ズ
ビザレッタは、作成のための手がかりとして

　「省察」

「ドキュメンテーション」

「コラボレーション／メンタリング」

を要素に挙げています。

「省察」についてはこれまで随所に記してきた通りですが、「ドキュメンテーション」とは、自身がどこまで到達することができたかということを示す証拠書類の整理などを行うことを指しています。例えば、テストの成績や表彰状などの証拠書類を自分なりに整理・分別することなどが挙げられます。自分一人ではなかなか整理したり評価したりすることが難しい場合もあるでしょう。そこで、他者の力を借りるべく「コラボレーション」したり、教師などがメンター役となり学習者の学習の成果の整理を促したりすることも必要でしょう。

(2) 学びを通じた自己の成長をリフレクションする機会をつくる

・学びのリフレクションはいつ行う

図1は、先に紹介したフィンクの記述による振り返りの段階です。

実質的記述は、何が分かった、どこが重要だったなどという認知に関する振り返りであり、省察的記述は、自己の学習への取り組みやプロセスに対するメタ的な振り返りと言えるでしょう。省察的記述は、自己の学びに責任を持ち、コントロール機能を発揮して、学び方そのものを改善していくことにつながります。

効果的かつ自律的に学習を進めていくうえでは、フィンクの提案する第1段階（毎時間終了時）、第2段階（単元・題材の終了時）において、

適切に振り返りを行っていくことが欠かせません。とはいえ、こうした時間を毎時間の終末や単元（題材）の終末に生み出すのは、それほど簡単なことではありません。

　ですので、実質的記述・省察的記述、それぞれに関することを、授業の終わりにほんの数行でよいから書く習慣を身に付けていくことです。

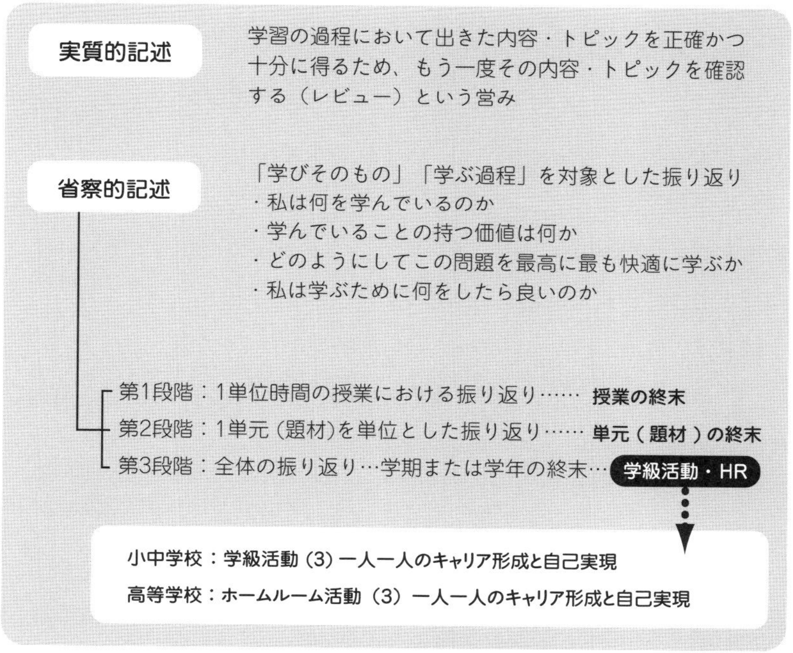

図1　フィンクの記述による振り返りの段階と学習における振り返り

(3)　学期や学年の終わりに自己の学びをリフレクションする

〜学級活動やホームルーム活動を活用した取り組み

　子どもたちをポジティブで、リフレクティブな学習者に育てていくには、自身の取り組みに効力感を見出し、成長を自覚できる場面を持つことが大切です。

　ここで提案するのは、学習指導要領の小中学校の学級活動2-(3)、高等学校のホームルーム活動2-(3)における学期や学年の終わりでの学びの振り返りです。この2-(3)は、いずれの学校種も「一人一人のキャリア形成と自己実現」という内容です。児童生徒の将来に向けた自己実現に関するものであり、一人一人の主体的な意思決定に基づく実践にまでつなげることをねらいとしています。

　以下は、リフレクションを行う時期やそのスパンを表したものです。各学期の終わりに、その学期の学びをリフレクションする方法もあれば、1年間を通して、リフレクションする方法もあります。

自己の学びをリフレクションする時期

①　各学期の終わりに、リフレクションを実施し、それを基に、次学期に向けての目標や見通しを持つ。

②　1年間の終わり（学年末）に、リフレクションを実施し、それを基に、次年度の目標や見通しを持つ。

③　①と②を併用する形で、リフレクションを実施し、それを基に次の目標や見通しを持つ。

〈リフレクションの対象〉

　何を目的に、何を対象にリフレクションするかは、実施時期や発達段階に応じて違ってきますが、例として、次のような内容を挙げることができます。

　①　どのように学んできたか

　②　どのような成果（課題）を得たか

　③　学びを通じて、どのような成長をしたか

　これらを、ポートフォリオなどを活用しながら丁寧にリフレクションすることで、次の目標を立てたり、見通しを持ったりすることができます。

〈準備するもの〉

・ポートフォリオまたはノートやテストなどの成果物を持参させます。

・教師は、授業のねらいに合わせ、例えば「今学期の学習を振り返り、チャレンジしたこと、難しかったこと」などのアンケートを取り、導入段階でその結果を示すのもよいでしょう。

・グループでの振り返りの際に、「イメージカード」（第3章で紹介）を活用することも可能です。

〈学級活動やホームルーム活動における１単位時間の授業の展開例〉

（導入）
この時間の課題とそのねらいを把握する

○本授業の課題を確認します。事前アンケートの結果を提示するなど工夫することも有効です。
○何のためにこの授業があるのかを共通理解しつつ、リフレクションの視点（例えば、①どのように学んできたか、②成果・課題は何か、③成長したと思うことは何かなど）を示します。
○学期初に立てた目標なども確認させるといいでしょう。

（展開・前半）
学習の成果・課題の要因を探る

○ここでの振り返りがこの授業で最も大切です。
○ポートフォリオなどを活用しつつ、成果・課題を明らかにするとともに、その要因を探していきます。
○要因を探る・振り返るときには、中心的な課題（例「○○の勉強に集中できなかった」など）を取り上げ、その背景をじっくり考えさせることが有効です。背景を5つ見つけようなどと投げかけるのもいいと思います。
○またイメージカードを活用し、今学期（今年度）、「学習面において成長したこと」をイメージするカードを3枚程度選ばせ、言葉を付けていくというリフレクションも有効です。これはグループで行います。

（展開・後半）
改善方法や新たな取り組みの検討

○有効な取り組みを紹介しあう場面です。グループ活動等を工夫し、一人一人が言葉にしていくことを大切にします。
○一人一人が実践に向けて動き出すきっかけを作る場面でもありますので、成果につながった取り組みを紹介しながら、実践に向けての選択肢を増やしていきたいところです。
○この段階でもイメージカードを活用することができます。例えば、年度末（近未来）の自分の姿をイメージするカードを1枚選ばせ、それを実現するために取り組むことを3枚選ばせます。そしてそれを説明させていきます。

（結末）
新たな取り組み・目標等の意志決定

○各自の意思決定の下、実践への移行を促す場面です。
○次の学期や学年を視野に入れて自分の取り組みを言葉にさせていきます。文章にして残すことも有効です。

〈引用・参考文献〉

・L．ディー・フィンク著、土持ゲーリー法一訳『学習経験をつくる大学授業法』玉川大学出版部、2011年。

・John Zubizarreta, "The Learning Portfolio for Improvement and Assessment of Significant Student Learning", INSPIRING EXEMPLARY TEACHING AND LEARNING : PERSPECTIVES ON TEACHING ACADEMICALLY TALENTED COLLEGE STUDENTS Chapter Eight, NCHC Monographs Series, DigitalCommons@University of Nebraska - Lincoln. https://digitalcommons.unl.edu/nchcmono/2/

・Ontario Ministry of Education (CANADA), The Literacy and Numeracy Secretariat, "Student Self-Assessment", CAPACITY BUILDING SERIES December 2007, http://www.edu.gov.on.ca/eng/literacynumeracy/inspire/research/capacityBuilding.html (ISSN: 1913-8490)

・文部科学省『小学校学習指導要領解説 特別活動編』2018年。

・文部科学省『中学校学習指導要領解説 特別活動編』2018年。

・文部科学省『高等学校学習指導要領解説 特別活動編』2019年。

②

役割、責任、期待、そして
ポジティブなフィードバックのある教室

　集団の中で役割がないと、何となく隅に置かれたようなさみしい気持ちになります。役割は、集団の中での存在感にもつながり、当事者には責任も生まれます。また、責任は、周囲からの期待を含み、その責任を遂行するための取り組みや努力が、ポジティブにフィードバックされることで、一層やる気が生まれます。役割、責任、期待、そしてポジティブなフィードバックのある学級づくりについて考えてみます。

(1) 学級経営・ホームルーム経営への期待の高まり

　2017年改訂（高等学校は2018年）の学習指導要領では、中学校、高等学校にも「学級経営の充実」「ホームルーム経営の充実」が示されました。それまでは小学校にのみ示されていた事項です。

　この背景には、これからの複雑で変化の激しい社会の中で、様々な人たちと協働して創造的に問題を解決していく力や、夢や希望、目標をもって生きる態度を身に付けることを期待していることなどが挙げられます。換言すれば、児童生徒が学校での学習や生活を送る基盤となる学級・ホームルームとしての集団の役割、その経営の重要性が、強く認識されたといっていいでしょう。

　そこで期待されていることは、個と集団という関係の中で、一人一人が自分の良さを発揮しつつ、安定した人間関係を構築し、自己実現を果たしていくことです。もちろんそこには、支持的な雰囲気や規範意識が必要であり、かつみんなで力を合わせてことを成し遂げる協働的な活動や、発生した問題を自分たちで解決を図る問題解決的な活動が期待されています。

　次ページの**図2**は、2017年（高等学校は2018年）に改訂された小学校、中学校、高等学校の学習指導要領等をもとに、学級（ホームルーム）経営と学級（ホームルーム）活動との関連を図に表してみたものです。

　縦軸は「信頼関係」がキーワードです。児童生徒理解に基づく信頼関係の構築がベースとなってこそ、児童生徒同士の信頼関係の構築へとつながっていくと考えました。

　そして、その中間に、学級活動・ホームルーム活動を位置づけています。つまり、学級集団としての自治的・自発的活動や学校行事等の協働的活動への参加・取り組みが、帰属意識・規範意識や、自己実現を図ろうとする意識を高めるということです。さらに、学級を一層安心感のある居場所としての空間にしたり、個々の良さや可能性を発揮できる場にしたりしていくと考えます。また、それぞれ一方向ではなく、相互矢印にしたのは、活動の内容やその時の状況により、影響の与え方が変化するからです。つまり、学級での協働的な取り組みが帰属意識を高める場合もあれば、帰属意識の高さが学級での協働的な取り組みへとつながっていくこともあるからです。

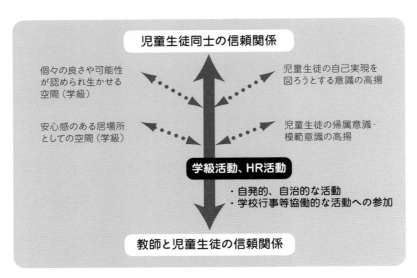

図3 学級・HR経営と学級・HR活動の関連

(2) 集団の条件

さて、学級を含む集団の条件については、いろいろな定義の仕方がありますが、例えば、社会心理学の研究を参考にしてみると、次のような項目を集団の条件として示しているものもあります。

① 相互に影響を受け合う
② 関係が一定期間継続する
③ 共通の目的を持つ
④ 地位や役割がある
⑤ 集団への所属を自覚している

これら5項目は、いずれも成員間に見られるもので、この研究では、

　ここに示した5つの条件を多く含んでいる方が、より集団らしいとしています。

　学級は意図的に組織された集団であり、そこでは、子どもたちが相互に影響を与えたり与えられたりしながら生活しています。また、子どもたち一人一人が「この学級の一人だ」と強く自覚することで、学級としてのまとまりや学級生活、学習指導に良い影響を与えることも実感として捉えることができます。

　学級を経営していくということを考えた時、先の5つの条件だけでなく、支持的な雰囲気や安心感、集団としての自治や規律などの条件を加えて考えることもできると思います。

　本節では、こうした研究成果も参考にしながら、学びに向かう力を育む学級に大切な要素として「役割」「責任」そして「期待」「ポジティブなフィードバック」という4つのキーワードを取り上げます。

　それは、学級において一人一人が「役割」とその役割に対する「責任」を有するとともに、それを支援する教師の「期待」と「ポジティブなフィードバック」こそが、学級としての目的意識の共有や個々の子どもたちの帰属意識が高まると考えるからです。

(3)　学びに向かう力を育む学級をつくるために

　ここまで、学習指導要領から捉えた学級経営・ホームルーム経営や集団づくりの条件について検討してきました。

　そして本書では、「ポジティブでリフレクティブな子ども」を育成していくために、「学級」に焦点を当て、その中で「学びに向かう力」を

育んでいきたいと考えました。本節ではそのポイントとして、「役割」「責任」「期待」「ポジティブなフィードバック」の４点を示しました。前２つは、児童生徒に持ってほしいことです。そして後２つは、教師の姿勢です。

・役割と責任

学級生活を豊かにする過程には、教師と児童生徒、児童生徒同士の人間関係はもちろん、学級として目標を立てたり、様々な仕事を分担し、それぞれの責任のもとに実行したりしていくという特徴が見られます。「役割」「責任」に着目したのは、このような学級集団の特徴を捉えたものです。

学級の中での「役割」や「責任」は、例えば、係活動や委員会活動、クラブ活動や部活動、校外学習や学校行事、さらには、グループでの学習や活動など、様々な場面において発生します。

仕事への動機づけ要因を明らかにした研究からは、達成することや、それを承認されること、仕事そのものの面白さ、責任などの要因が動機づけにプラスに働いていることが明らかになっています。

　学級を構成するのは、一人一人であることを考えると、このような内なる動機づけを高めることはとても大切になってきます。

　また、役割は、周囲の友達からの期待を受けるものであり、その期待に応えることは、集団の中でより良い人間関係を築いていくうえで重要な要素になります。

　そして、役割を決める際には、

・どんな内容なのか

・いつまでにどのように行う必要があるのか

・そのことが学級や友達にどんな良い結果（影響）を与えるのか

・あなたの良さがどのように生かされる役割なのか

などを明らかにしておくことが大切です。このことを明らかにすることは、期待を伝えることにもなります。

・期待とポジティブなフィードバック

　教師の子どもたちへの期待が、指導の結果に大きな影響を与えることについては、アメリカの心理学者のロバート・ローゼンタールらによる有名な研究があります。

　この実験では、教師たちは新年度に入って担当する子どもたちの中から、「学業的な向上の見込みがある子ども」のリストが示され、それを信じて指導を行った結果、そうでなかった子どもたちに比べ、知能検査の結果が良かったというものです。しかし実際には、子どもたちはランダムに抽出されていました。この現象はピグマリオン効果と言われています。教師の「期待」は子どもたちの動機づけに影響し、良い学習成果につながっていることが明らかにされています。

　またリフレクション研究を進めているオランダのコルトハーヘンは、改善を目指した次なる取り組みに移行するには、成功体験の中に潜むその人の強みに焦点を当てることが重要であるといいます。

　こうした研究成果からも、教師が子どもたちの役割や活動に対して「期待」を持ち、ポジティブな方向性を持った言葉を、子どもたちに向けていくことの大切さが分かります。

　ただしそれは、やみくもに「がんばれ」とか、同調圧力を働かせて、「一人残らずできるまで」というようなものではありません。また過度の期待は、重圧になる場合もあります。

　フィードバックに当たっては、まずは、役割遂行の現状を知り、それを肯定しつつ、次の方向性がどちらにどのように向かうべきかを話し合いながら、ポジティブな言葉として返していくことが大切です。

〈引用・参考文献〉
・池田謙一、唐沢穣、工藤恵理子、村本由紀子『補訂版社会心理学』有斐閣、2019年。
・井上隆二、山下富美代『図解雑学社会心理学』ナツメ社、2010年。
・山辺恵理子「コルトハーヘンのリフレクション方法論」、坂田哲人、中田正弘、村井尚子、矢野博之、山辺恵理子『リフレクション入門』学文社、2019年。
・文部科学省『小学校学習指導要領解説 特別活動編』2018年。
・文部科学省『中学校学習指導要領解説 特別活動編』2018年。
・文部科学省『高等学校学習指導要領解説 特別活動編』2019年。
・Herzberg. Fredrerick（2003）One More Time: How Do You Motivate Employees? *Harvard Business review*, January. pp.87-96.

ポジティブ&
リフレクティブな
子どもを育てる
学級づくり

「学びに向かう力」を育てる
これからの学級づくり入門

2020年6月14日　初版発行

編著者　中田　正弘
発行人　花岡　萬之
発行所　学事出版株式会社
　　　　〒101-0021
　　　　東京都千代田区外神田2-2-3
　　　　電話　03-3255-5471
　　　　HPアドレス　http://www.gakuji.co.jp/

編集担当　二井　豪
デザイン　田口亜子
制作協力　上田　宙（烏有書林）
印刷・製本　電算印刷株式会社